MW01672585

el Triunfo de la Fe

LES THOMPSON

PORTAVOZ

EL MANANTIAL
CRISTIANO
(616)245-0858

La misión de Editorial Portavoz consiste en proporcionar productos de calidad —con integridad y excelencia—, desde una perspectiva bíblica y confiable, que animen a las personas en su vida espiritual y servicio cristiano.

El triunfo de la fe, © 2003 por Leslie Thompson y publicado por Editorial Portavoz, filial de Kregel Publications, Grand Rapids, Michigan 49501. Todos los derechos reservados.

Ninguna parte de esta publicación podrá reproducirse de cualquier forma sin permiso escrito previo de los editores, con la excepción de citas breves en revistas o reseñas.

EDITORIAL PORTAVOZ
P.O. Box 2607
Grand Rapids, Michigan 49501 USA

Visítenos en: www.portavoz.com

ISBN 0-8254-1721-X

1 2 3 4 5 edición / año 07 06 05 04 03

Impreso en los Estados Unidos de América
Printed in the United States of America

A Kenneth, Daniel, Gregg y Eduardo,
mis cuatro hijos, personas ejemplares y fieles,
dedicados siervos de Jesucristo.

Siempre serán mis inigualables
compañeros y muy queridos amigos.

Contenido

Introducción

Hasta los trece años de edad, yo menospreciaba la escuela. Asistía a clases por obligación, nunca por amor a la sabiduría. El objeto de mi estudio era estudiar las maneras de evitar el propio estudio. A esa edad tuve mi primer maestro hombre. Fue algo tan novedoso para mí que, por curiosidad, presté atención a alguien por primera vez. Fue para mi una fortuna que Patrick Arnold, un irlandés con pelo rojizo y recién llegado a Cuba (que pronunciaba el español con el acento sureño de Estados Unidos), fuera un grande y sabio profesor. De inmediato reconoció mi total indiferencia hacia todo lo escolar y se propuso convertirme en un buen alumno; objetivo que a los pocos meses logró.

Difícil sería olvidar su primera clase. Era de historia, y nos tocaba estudiar la Edad Media. Sobre la pizarra, dibujó un barco vikingo —yo era un enamorado de los barcos—, e hizo un mapa de la parte norte de Europa. "¿Cuántos de sus ancestros vinieron de esta parte de Europa?", preguntó a varios de nosotros que éramos hijos de misioneros, apuntando con una varilla a los países de Suecia, Noruega y Dinamarca. Como mi padre era sueco, levanté mi mano.

Siguió diciendo: "Voy a contarles algo de los más salvajes, feroces y temidos habitantes de Europa. Eran los llamados vikingos. Quizás algunos de ustedes sean descendientes de ellos. Eran un pueblo alto y fornido, de pelo rubio, piel en extremo blanca y ojos azules. Vestían con las pieles de los temidos osos blancos del Ártico y en lugar de comportarse como campesinos —de acuerdo con la mayoría de los europeos— se dedicaban a invadir, robar y matar a los que vivían en los pueblos costeros de Rusia, Alemania, Francia, Inglaterra e Irlanda.

El nombre de ellos proviene del término escandinavo *a-viking* (lo escribió en la pizarra), que significa "*invasores del mar*". Entonces nos contó varios relatos espeluznantes de esos bárbaros que habitaban las tundras congeladas e inhóspitas del norte europeo.

Aquella hora de clase pasó como un relámpago. Prometió continuar al día siguiente con la parte más interesante: la historia de Eric el Rojo, hijo de Leif, el más feroz de todos los vikingos.

Esa noche me dormí pensando en aquellos salvajes. Soñaba que yo era un vikingo llamado Leif —el nombre que Arnold había mencionado—, cubierto con pieles de osos, navegando sobre los fríos mares del norte de Europa, con mi cara cubierta por una espesa barba rojiza, la espada desenvainada, desembarcando de mi nave para aterrorizar a los muchachos del pueblo británico de Glasglow y, por supuesto, llevándome prisionera a la hermosísima princesa Guenevere.

No hay duda de que con una sola clase Arnold no solo conquistó mi curiosidad, sino que me hizo agradable el aprendizaje. Durante la segunda clase me quedé fascinado escuchando cómo Eric el Rojo, el feroz vikingo, fundó en el año 985 el país que ahora conocemos como Groenlandia. Describió la geografía de aquella isla plana, muy fría, en cuyo mar se ven ballenas y focas, y en cuyo continente conviven lobos, renos, osos polares, armiños y liebres polares. Pocos años más tarde esas recién establecidas aldeas fueron visitadas por un misionero llamado Olaf Trygvesson. Toda la población —menos Eric el Rojo— se convirtió al cristianismo.

De esa clase salí imaginándome ser un misionero rubio, cubierto de pieles de osos, navegando los mares fríos del norte de Europa, con mi cara cubierta por una espesa barba rojiza y con la Biblia debajo del brazo, evangelizando a todos mis feroces compatriotas en esas regiones congeladas del norte europeo (lindo sueño para un muchacho muriéndose de calor en suelo cubano).

El caso es que Patrick Arnold despertó en mí la curiosidad por conocer y saber de todo, pero en particular de la historia. Comencé a buscar libros de historia. Tenía un tío danés, también misionero en Cuba, con una biblioteca amplia. No solo me prestaba sus libros con gusto, sino que me mostraba párrafos importantes y me recomendaba cuáles debía leer. Mis preferidos, sin embargo, eran libros sobre la historia medieval. Muchas fueron las noches en que mi madre me sorprendió durante las madrugadas cubanas para obligarme a apagar mi lámpara de aceite; porque aún no había llegado la electricidad.

Así fue como en una de esas madrugadas, conocí a Martín Lutero, el hombre que llegaría a ser mi gran héroe. Tanto es así que he leído siete biografías de él en inglés y cuatro en español. He disfrutado con satisfacción de sus comentarios sobre Romanos, los Salmos y Gálatas. Uno de mis libros más preciados es *Martin Luther's Basic Theological Writings* [Escritos teológicos elementales de Martín Lutero], con 755 páginas de su pensamiento teológico. Aparte de eso, poseo un buen número de libros adicionales que, por decirlo así, enriquecen y destilan el néctar del pensamiento del reformador mientras exponen la importancia de esa figura histórica para el mundo protestante. Los que me conocen saben que en cualquier momento brota de mí un pensamiento de este gran héroe de la fe que en forma tan profunda ha impactado mi vida. Por lo tanto, no es asombroso que un buen día me tocara escribir acerca de este gigante de la historia.

En el año 2000 tuve la oportunidad de viajar a Alemania y visitar lo sitios históricos relacionados con la vida de Lutero. Allí, a poca distancia de Berlín, visité a Eiselben, donde nació. Pasé un día entero en Erfurt, conociendo el monasterio agustino donde estudió. La mayor parte del tiempo lo pase en Wittenberg, donde Lutero trabajó durante casi cuatro décadas. En cada sitio busqué libros y material que me ayudara a conocer mejor al gran reformador. Un gran museo preserva copias de todos sus escritos, junto con muchos detalles de su vida y ministerio. Pasé viarias hora en la iglesia, Santa María, donde predicaba cada domingo, imaginándome escuchar uno de sus elocuentes y sustanciosos sermones. En la Catedral del Castillo revisé las 95 tesis grabadas sobre la puerta donde supuestamente las clavó. Visité el seminario donde llegaron jóvenes de toda Europa para recibir sus enseñanzas. Ante la Torre Universitaria me quedé recordando que allí fue que el reformador llegó a entender lo que era la verdadera fe que salva. En cada sitio los guardianes añadieron al monto de información que iba recorriendo. Regresé feliz, satisfecho que no solo ver, pero también sentir algo del ambiente en que vivió este personaje tan importante en la historia del cristianismo moderno.

En las páginas de esta obra relato la parte de la historia que más me ha intrigado: la lucha doctrinal de Lutero con la Iglesia Católica. ¿Cuándo comenzó? ¿Sería cuando el flamante vendedor ambulante Johann Tetzel llegó ofreciendo cartas de indulgencias que no solo perdonaban los pecados pasados, sino aun los futuros, puesto que eran firmadas por el Papa quien, como representante de Cristo en la tierra, tenía más poder que los ángeles, los santos y más aun que la misma virgen (puesto que todos ellos estaban en el cielo, pero el Papa estaba aquí en la tierra)? Creo que comenzó antes, en aquel momento especial en su despacho en la torre universitaria de Wittenberg, cuando al fin comprendió la frase paulina: "*El justo por la fe vivirá*".

Este libro trata de la fe, una virtud que es el tema del capítulo primero. Sigue el capitulo segundo con el tema sobre la única fe que salva. Todas las luchas y todas las doctrinas que ocupan la atención en los capítulos tres al seis vienen como resultado de esa fe tan segura y revolucionaria que cautivó a Lutero. En todo el libro se oye la súplica incesante del reformador a la iglesia para que regresara a aquella sencilla fe entregada por Jesucristo y que predicaban Pedro y Pablo.

Sin duda el meollo de la lucha religiosa en que se vió envuelto Lutero tenía que ver con la fe, esa fe de la que se había apartado la Iglesia Católica Romana. Ella debía destruir el complicado andamiaje religioso —basado en la tradición y no en la Biblia— que por mil quinientos años había fabricado. Pero destruir tal estructura significaría deshacer el Vaticano, destruir todo el poderío acumulado por el Papa y sus cardenales, y regresar a la humilde sencillez de Jesucristo y de sus doce apóstoles. A esta humillación, la poderosa Iglesia Romana no estaba dispuesta a someterse. Pero por nada menos estaba dispuesta a demandar al convencido reformador; si es que la Iglesia quería convertirse en el instrumento divino para proclamar la fe que en verdad salva.

A su vez, el reto de Lutero para la Iglesia de su tiempo es el mismo para nosotros en el siglo XXI. El mensaje que nosotros necesitamos es aquel que proclama una sencilla y sola fe en lo que Jesucristo hizo por nosotros en la cruz para lograr el perdón de nuestros pecados. Ese fue el mensaje de Pablo, de Pedro y el de la iglesia primitiva. Por ese mensaje fueron de país en país sufriendo cárceles, naufragios, asaltos, palizas, fatigas y dolores con el fin de que el mundo conociera a Cristo; jamás para crear riquezas y prestigio personales ni poder político. Y por nuestra tendencia de siempre crear "otro evangelio" es por lo que debemos recordar que aquel antiguo evangelio es el que necesitamos hoy, a saber, cómo salvarnos de nuestros pecados, cómo vivir aquí y ahora de manera que agrade a Dios, cómo prepararnos para el cielo eterno.

Al parecer, tal mensaje no satisface. Queremos añadirle algo más, preferimos algo más sofisticado. Parece que el hecho de ver a los cristianos del pasado viviendo en cuevas; muriendo a filo de espada, perseguidos, destituidos y maltratados por su fe, tiene poco atractivo. Preferimos una religión hecha a nuestra manera, cómoda, fácil, en la que pagamos a otros para que crean y actúen por nosotros. En definitiva, ese era el tipo de religión contra la cual protestaba Lutero, una religiosidad que reemplaza a Cristo con símbolos, rituales y figuras místicas. Aunque se le quiera llamar "evangelio", no lo es. Porque el verdadero evangelio no se compra con dinero, ni se alcanza por medio de esfuerzos personales, ni se obtiene por medio de rituales místicos. ¡Es un regalo de Dios! ¡Se percibe por la sola fe! Por lo tanto, en el último capítulo —el capítulo siete— solicito a usted que se haga un examen de lo que hacemos y creemos, no sea que hayamos sustituido un tipo de espiritualidad por el único y verdadero evangelio que nos entregó Jesucristo.

Al libro le hemos añadido un apéndice informativo que esperamos fortalezca y complemente los detalles históricos presentados. Con todo, anhelamos que estas páginas sirvan para despertar una fe viva y real en cada lector. Que comprendamos que la misma fe que forjó a este inolvidable gigante que vivió a finales de la Edad Media, es la verdadera fe que tenemos que creer y vivir hoy.

LESLIE THOMPSON
24 de septiembre de 2003

Capítulo 1

Al encuentro de la palabra exacta: "Fe"

La fe es garantía de lo que se espera,
prueba de realidades que no se ven (Hebreos 11:1).

Introducción

¿Tiene acaso vigencia el tema de la fe en nuestros días? Tengo delante de mí varias obras. La primera está escrita por cinco teólogos prominentes (John MacArthur, R. C. Sproul, Joel Beeke, John Gerstner y John Armstrong), se titula *Justification by Faith Alone* [Justificación solo por fe], publicada en 1995. La segunda está escrita por un teólogo católico llamado Robert A. Sungenis: *Not by Faith Alone* [No por fe sola], publicada en 1997. La tercera es del conocido teólogo R. C. Sproul: *Faith Alone* [Fe sola], publicada en 2001.

Las fechas de publicación de las obras mencionadas muestran que hoy por hoy este tema ha cobrado actualidad. En realidad, en nuestros días se debate como nunca desde que Martín Lutero clavó sus 95 tesis en la puerta de la Catedral del Castillo de Wittenberg el 31 de octubre de 1517. Debido a los tristes incidentes del 11 de septiembre del 2001 en los Estados Unidos de América, a la guerra en Irak, al fuerte enfrentamiento entre islamismo y cristianismo y a las incertidumbres de nuestro mundo moderno, el tema de la fe no solo está vigente, sino que es asunto de primera plana. A propósito, ¿se ha preguntado usted "por qué Martín Lutero insistía tanto en el tema de la fe *sola*"? Para buscar una respuesta a cuestiones como ésta, se escribió este libro.

Con frecuencia oímos decir: "Soy una persona con mucha fe". Como la palabra "fe" tiene múltiples usos y debido a que en calidad de cristianos decimos que "somos salvos por fe", un estudio de sus diversos sentidos será provechoso.

Pensemos, por ejemplo, en el ser humano contemporáneo que pone gran fe en la ciencia, y con razón. Los logros de nuestra era tecnológica son asombrosos. Hace menos de cien años, lo mejor que una persona podía hacer cuando tenía un dolor de cabeza era ponerse una hoja de plátano húmeda sobre el lugar que le dolía (así lo hacían en mi patria cubana). ¿Hoy? ¡Con un par de aspirinas es suficiente!

Sin lugar a dudas la ciencia ha revolucionado nuestro mundo. Inventos como la electricidad, el automóvil, el avión, la computadora y teléfonos celulares han cambiado los hogares, el modo de transporte y la forma de comunicarnos. Hace poco necesitaba recibir con urgencia un itinerario de vuelos para ir a varios puntos de Chile. En cuestión de minutos lo enviaron desde ese país hasta Miami por "correo electrónico".

Consideremos las maravillas de la medicina moderna. Hoy los trasplantes de corazón y de riñones son comunes, ¡y hasta de pulmones los hacen! A una persona conocida que perdió los brazos y las piernas en un accidente, le pusieron manos y pies mecánicos. Hoy es entrenador de un equipo de baloncesto en Miami. Aparte de algunos movimientos que se notan cuando camina vestido con traje, su aspecto es totalmente normal.

Es increíble lo que pueden hacer los médicos. Antes, cuando alguien enfermaba, no tenía remedio. Buscaba alivio y esperanza clamando a su Dios. Hoy pone su fe en la ciencia. ¿Será esta quizá la explicación de que haya más seres humanos que se declaran ateos? Si la medicina lo cura cuando se enferma, si la ciencia y la técnica le suministran comodidades muy agradables cuando está sano, ¿para qué necesita de Dios? Así, poco a poco, nos hemos convertido en una sociedad secular, donde la palabra "Dios" se usa más como signo de asombro, que como referencia a un divino ser a quien nos dirigimos con reverencia.

Hay otro tipo de "fe" que siempre me ha intrigado. Se la presento con un relato de una jovencita simpática que me detuvo en la ciudad de Lima para venderme una pulsera y un anillo de cobre.

—Pero señorita..., soy un hombre, ¿qué voy a hacer con una pulsera? —le dije con cierta reticencia.

—No me ha entendido, señor. Si usted se pone este anillo y usa esta pulsera se le quita el reuma —insistió con autoridad.

—Pero yo no sufro de reuma.

—Mejor todavía —insistió de nuevo—, pues evitará que le ataque en el futuro.

—Dígame, señorita, ¿cómo sabe usted que una pulsera de cobre quita el reuma?

—Pues muy sencillo —contestó segura— eso es lo que dice todo el mundo.

¡Fe supersticiosa! Es increíble el número de personas que tienen una fe absoluta en las supersticiones, tanto es así que la han trasmitido de generación en generación. Por ejemplo: El gato negro que se cruza en el camino, de manera especial, en una noche oscura. ¡Fatal! ¿Y qué diremos del espejo que se rompe? ¡Trágico! De seguro que alguien morirá.

Mensajes, remedios y costumbres —tradición— se convierten en parte de la realidad de las personas. Creen en prácticas, fórmulas o sucesos sin base alguna, como si fueran palabras escritas en piedra por el dedo de Dios.

Cabe mencionar el creciente interés en el fenómeno moderno de los temas sobrenaturales que incluye creencias en magia blanca y negra con su consecuente conjunto de experiencias exóticas. Cada día aumenta la cantidad de películas de horror que en la pantalla grande tratan temas de gente poseída, exorcismos, curanderos, ritos diabólicos y ocultismo. Hoy millones de personas ponen su fe en la astrología, en los horóscopos, en la cartomancia, en la quiromancia y otras creencias afines, todas provenientes de enseñanzas ocultas muy antiguas de Egipto y Mesopotamia.

La religiosidad del hombre

Aristóteles dijo que "el hombre es, por naturaleza, un ser político". Séneca afirmó que "el hombre es un ser social", para luego añadir que "es un ser racional". Crisóstomo señaló que "el hombre es un animal benévolo". Agustín sostenía que es un "animal terrenal" por haber sido creado en el sexto día junto a todos los irracionales. En cada una de estas percepciones hay algo de verdad, pero observemos que todas encierran una característica común: El hombre es un ser religioso que necesita tener fe en algo. Por ello y en todos los tiempos se ha expresado en forma religiosa. Por este motivo cuando decimos "fe", más que cualquiera otra realidad, hablamos de religión.

Los antropólogos concuerdan en ello. Al estudiar las costumbres de la humanidad desde sus orígenes, afirman que una de las características más notorias de todas las tribus y grupos étnicos, por antiguos que sean, es que el ser humano siempre ha sido religioso. En la mayoría de nuestros países hispanos se han hecho descubrimientos arqueológicos que dan vivo ejemplo de que los indígenas que habitaban este continente eran religiosos. Prueba de ello son las pirámides, los templos y los dioses que se exhiben en los centros arqueológicos, sobre todo de México, Perú y Guatemala.

En cualquier nación que usted visite, hallará una historia de religiosidad y un pueblo dedicado a sus creencias. Esto es evidente incluso en países donde el estado pretende dirigir la conciencia de las personas, como lo fue en la antigua Roma. Es paradójico que en el Imperio Romano, bajo la más severa persecución contra el cristianismo, a la vez se endiosara a sus emperadores. El hombre por ser religioso siempre busca a quien adorar.

Las estadísticas apoyan nuestra conclusión. A continuación veremos las obtenidas en el mes de marzo de 2002 a escala mundial:

1. Cristianismo (dos mil millones): 33 por ciento de la población mundial
2. Islamismo (mil trescientos millones): 22 por ciento
3. Hinduismo (novecientos millones): 15 por ciento
4. Secularismo, no religiosos, agnósticos, ateos (ochocientos cincuenta millones): 14 por ciento
5. Budismo (trescientos sesenta millones): 6 por ciento
6. Religión tradicional china (doscientos veinticinco millones): 4 por ciento

7. Indígena o nativa (ciento cincuenta millones): 3 por ciento (incluida África, número 8.)
8. Religión tradicional africana y diáspora (noventa y cinco millones)

Las que siguen —en total— representan el 3 por ciento de la población mundial

9. Sikhismo (veintitrés millones)
10. Juche (diecinueve millones)
11. Espiritismo (catorce millones)
12. Judaísmo (catorce millones)
13. Bahaísmo (seis millones)
14. Jainismo (cuatro millones)
15. Shinto (cuatro millones)
16. Cao-Dai (tres millones)
17. Tenrikyo (dos millones cuatrocientos mil)
18. Neopaganismo (un millón)
19. Unitaria y universalista [unitarismo] (ochocientos mil)
20. Cienciología (setecientos cincuenta mil)
21. Rastafarianos (setecientos mil)
22. Zoroastrismo (ciento cincuenta mil)

Además de lo anterior, en la *Enciclopedia Británica* alcancé a contar unas mil cuatrocientas agrupaciones religiosas ¡todas con un sistema de creencias completo! Cada grupo tiene uno o varios dioses y cuentan con un sistema doctrinal para explicar al adepto cómo alcanzar el favor de su dios. Son lo que llamamos sectas, con nombres tan familiares como los Testigos de Jehová, Mormones o Munies.

Entonces, ¿es acaso verdad o no que la fe religiosa predomina en el mundo? Los ateos y escépticos son una minoría. Consciente de esto, el sabio Salomón declara que "Dios puso eternidad en el corazón de los hombres".

¿Recuerdan lo que dijo la prensa acerca del primer astronauta árabe que en junio de 1985 subió al espacio en el transbordador Columbia?

Antes de abordar la nave, como todo buen musulmán, preguntó cómo podría postrarse en dirección a la Meca. Los científicos le informaron que en el espacio no importaba la dirección, ya que si se inclinaba hacia la tierra cualquier posición apuntaría hacia la Meca. En el trayecto del vuelo se quejó de que sufría desequilibrios y náuseas, pero solo cuando se arrodillaba sobre su alfombrita tres veces al día para orar a Alá.

Los musulmanes son uno de los grupos religiosos más activos en la propagación de su fe. En solo cinco años añadieron a sus filas noventa y cuatro millones de nuevos creyentes. Se encuentran sobre todo en la mitad norte del continente africano, además de todos los países árabes, incluso a Pakistán y Afganistán, y llegando hasta la frontera con India, cuya mayoría religiosa profesa el hinduismo. Los budistas, por otra parte, se ubican al oriente, de manera especial en Japón y China. Los cristianos, por su parte, se concentran en los países europeos y el continente americano, norte y sur, aunque representan el cincuenta y cinco por ciento de la población africana.

¿Cuál será la fe verdadera?

Entre tantas religiones que pululan por el mundo, ¿cuál será la auténtica? Cada una promete llevar a sus fieles al destino eterno. Sin embargo, se requiere cierto criterio para tratar el tema de la fe verdadera.

Uno de los asuntos de que trata la filosofía es el sentido de lo religioso. Este estudio abarca un doble aspecto: por un lado, establece reglas para evaluar el pensamiento del ser humano en cuanto a su origen y su destino; por el otro, evalúa las evidencias consideradas para comprobar la existencia de un Dios.

Reflexionemos por un momento, en términos filosóficos. Los cristianos decimos que "llegamos a Dios por medio de la fe". Pero, ¿por cuál clase de fe? Contestamos: "La fe que se fija en Cristo como el "cordero de Dios que quita el pecado del mundo"". La lógica nos obliga a preguntar: ¿En qué se diferencia poner tal tipo de fe en Cristo a la que se pone en Alá, en José Smith o en alguno de los miles de dioses del panteón hindú? Cada religión declara que quien ejercite la fe en su dios, en sus libros religiosos y en su sistema de doctrinas, logrará llegar a Dios. ¿Qué religión, entonces, tendrá la verdad? No pueden ser todas verdaderas, ya que las ideas religiosas se contradicen de manera notable entre sí. Hagamos, como ilustración, una comparación rápida entre el hinduismo y el cristianismo.

En una oportunidad hablé con un amigo misionero que trabajaba en India y le pedí que me explicara algo acerca del hinduismo. "El sistema religioso —me dijo— se basa en la idea de la reencarnación (metempsicosis). Observemos lo que se cree en esa religión. Si soy muy buena persona en esta vida, cuando yo muera regresaré a la existencia como otro hombre. Si soy algo bueno, pero cometo algunas maldades, entonces reencarnaré como un perro, un camello o cualquier animal útil. Si por el contrario soy malo, regresaré como una serpiente o un insecto. Pero si soy muy malo, ¡reencarnaré como mujer!"

El que compara tal escatología hindú, basada en la reencarnación y vida futura en esta tierra, se encuentra en serio conflicto con el cristianismo, el cual rechaza en forma total la idea de una reencarnación y enseña más bien una resurrección del mismo cuerpo humano, el cual tendrá vida eterna en un cielo que Dios ha preparado para todo el que sigue a Cristo. ¡Entre estos dos sistemas religiosos hay contradicciones irreconciliables! Uno de los dos —el cristianismo o el hinduismo— tiene que estar equivocado.

Como nos enseña la lógica: "Dos proposiciones son contradictorias cuando ambas se oponen a la vez, es decir, cuando una de las dos es una afirmación universal y la otra es una negación particular, o una es negación universal y la otra afirmación particular".

Las contradicciones entre el cristianismo y cualquier religión son irreconciliables. Una u otra tiene que estar errada. Al mismo tiempo, recordemos que ninguna creencia es verdadera por el solo hecho de que haya sido habitual creerla. Antes de que Colón descubriera a América, la creencia común era que el mundo era plano y no redondo. El hecho de que todas las personas creyeran en eso, no hacía verdadera tal afirmación.

¿Qué hacer, entonces? ¿Lavarnos las manos ante tanta confusión?

Eso sería gravísimo, ya que si de veras hay un Dios y nosotros somos su creación, tendremos que rendir cuentas ante Él.

¿Quién, pues, tendrá la verdad acerca de Él? Si hay manera de comunicarnos con ese Dios, ¿quién sabe el medio para hacerlo? Si somos responsables ante esa Deidad, ¿dónde ha de estar la información que nos diga en qué consiste nuestra responsabilidad? Ese es el gran dilema humano. Dilema, digo, a menos que Dios mismo se haya revelado y comunicado, en forma clara, con el hombre. Veamos algo de estas doctrinas en el punto que consideramos a continuación.

Argumentos de la fe cristiana

La afirmación del cristiano —a diferencia de toda otra religión— es que Dios se ha revelado de tres maneras irrefutables. Primero, a través de la hermosura y —a la vez— complejidad de la naturaleza. Al contemplar las flores, los ríos, las aves y las maravillas naturales de este universo, incluso las del cuerpo humano, es absurdo pensar que todo eso nos llegó por accidente. Como reza el argumento: "Un reloj supone la existencia de un relojero". Puesto que cada efecto tiene su causa, lo complicado de todo lo que existe supone la existencia de un Creador.

Segundo, el cristianismo afirma que Dios se ha revelado en la Biblia, a la que de manera clara llaman "la Palabra de Dios". Es una obra compuesta de sesenta y seis libros, de treinta y seis autores que lo escribieron en tres continentes, en tres idiomas y a través de un período de mil quinientos años. Lo indiscutible es que la Biblia representa una unidad de pensamiento: (1) Tiene un solo propósito: la salvación de la humanidad. (2) Muestra, de tapa a tapa, a un Dios que nunca cambia. (3) Dicta una ley moral inmutable de comienzo a fin. (4) Finalmente, centra su esperanza —de Génesis a Apocalipsis— en el Mesías prometido, Jesucristo, el Hijo de Dios, enviado a este mundo para redimir al hombre caído. Según la teoría de las probabilidades, ¿qué posibilidad habría de que todos estos autores se hubiesen puesto de acuerdo en ese extenso período de tiempo? Eso solo es posible bajo la premisa de que una mente divina los hubiera iluminado y dirigido al escribirla.

Tercero, afirma que Dios se reveló de forma particular en la persona de Jesucristo. En este sentido, es fascinante estudiar las declaraciones acerca de las creencias de la iglesia primitiva (los llamamos "credos") en cuanto a la persona de Jesucristo. Esas afirmaciones expresan qué era lo que se creía acerca de la divinidad de Jesucristo. Tomemos el credo de Melito de Sardis, que parece fue bastante popular en Asia Menor durante el siglo II. Veamos cómo se presentan en este credo las verdades fundamentales acerca de la persona de Jesucristo:

Entiendan, pues, mis amados
como [Jesucristo] *es lo nuevo y lo antiguo,*
es lo eterno y lo temporal,
es lo perecedero y lo imperecedero,
es lo mortal y lo inmortal; este misterio es Jesucristo.
Como Hijo, NACIÓ;
Como cordero, fue GUIADO;
Como oveja, fue MUERTO;
Como hombre, fue SEPULTADO;
y de la muerte resucitó como Dios —siendo Dios y hombre por naturaleza— porque Él es todo y en todo:
Por cuanto juzga, Él es la LEY,
Por cuanto enseña, Él es el VERBO,
Por cuanto salva, Él es la GRACIA,
Por cuanto engendra, Él es el PADRE,
Por cuanto fue engendrado, Él es el HIJO,
Por cuanto sufre, Él es el CORDERO,
Por cuanto fue sepultado, Él es HOMBRE,
Por cuanto fue resucitado, Él es DIOS.
Este es Jesús el Cristo, a quien sea la gloria por siempre y para siempre. Amén.

Los cristianos afirman con autoridad que el Señor Jesucristo —que nació en Belén hace dos mil años— era: (1) Dios hecho hombre a través del nacimiento virginal de María. (2) Divino, confirmándolo a través de sus milagros, sus incomparables enseñanzas y su comportamiento intachable. (3) El que justificó a la raza humana con su muerte sustituta en la cruz. (4) Verdadero porque comprobó la veracidad de sus afirmaciones al resucitar de entre los muertos al tercer día. (5) Rey del universo, cabeza de su Iglesia y el que reconcilia todas las cosas por su sangre, confirmando esto al ascender visiblemente al cielo para sentarse a la diestra de Dios Padre después de aparecerse ante muchos testigos durante cuarenta días.

¿Serán falsas estas afirmaciones del cristianismo? Numerosos intentos han tratado de negar estas verdades, pero hasta hoy nadie ha podido siquiera dar una sola prueba de falsedad registrada en la Biblia, ni han podido negar la historicidad de la persona ni de las afirmaciones de Cristo Jesús. Muchos se niegan a creer que Dios hizo al mundo; niegan la veracidad de la Biblia y además, rechazan toda creencia en Cristo Jesús. Pero ese escepticismo se sostiene a pesar de la gran cantidad de evidencias en contra. No creen porque no quieren creer.

Sin ir muy lejos, aun entre nosotros —los que nos llamamos cristianos—, hay también conflictos y diferencias de opinión. Este problema no es tanto acerca de que si hay Dios y quién es ese Dios; si la Biblia es la Palabra de Dios, o si Cristo es el Hijo de Dios. El conflicto se centra en la manera de encontrar a este Dios revelado en la creación, la Biblia y en Cristo Jesús.

Tengo en mis manos una polémica llevada a través de la prensa en la ciudad de Monterrey, México, precisamente sobre este tema. Apareció en el diario *El Norte,* del domingo 17 de marzo de 1985, bajo el título: "Cristianos predican diferentes formas de alcanzar la salvación".

- El sacerdote de la iglesia católica, padre Juan Carlos Castillo, dice: "Cristo pide fe y obras".
- El pastor bautista, Isaías Rodríguez, indica: "Solo la fe salva".
- El presbítero metodista, Bernabé Rendón, afirma: "No salvan las obras".
- El pastor presbiteriano, Saúl Tijerina, señala: "Dios elige a los que han de ser salvos".

"¿Quién tendrá la razón?", inquiere la periodista María Teresa

> Villarreal, que entrevistó a los representantes de las distintas iglesias: "Aunque coinciden en calificar de primordial la fe en Jesucristo para ser salvos, hay una marcada diferencia en cuanto a cómo debe ser esa fe para que sea auténtica y qué importancia tiene hacerla vivir mediante las obras".

En forma clara, ante posturas rivales, posiciones divergentes y declaraciones contradictorias, nos vemos obligados a buscar las razones fundamentales que se esconden detrás de ellas. Ya advertimos antes sobre el principio de contradicción establecido por Aristóteles: "Es imposible que lo mismo (el mismo determinante) convenga o no convenga al mismo ente simultáneamente y al mismo respecto". Si dos proposiciones mutuamente contradictorias no pueden ser verdaderas al mismo tiempo y al mismo respecto, tenemos que buscar e identificar a las erradas e independientes de las correctas. Solo una puede ser verdad.

Si es *por fe* como agradamos a Dios, si es *por fe* como somos salvos, si es *por fe* como llegamos al cielo, entonces nos es de primordial importancia examinar las posiciones que se adoptan hoy para encontrar cuál de ellas es falsa y cuál es la que nos da la clave verdadera de la *fe* que en verdad salva.

Habrá algunos que de inmediato dirán: "Tales debates teológicos son secundarios, lo importante es *creer*". Eso es exacto, porque lo importante es *creer*, pero ¿creer qué? Como veremos en las páginas que siguen, esta fue la inquietante pregunta que se hizo Martín Lutero una decisiva mañana de octubre de 1517. Con mucho cuidado debemos mirar y estudiar las conclusiones a las que llegó pues, como dice Lucien Febvre, un historiador francés, Lutero en realidad hizo "un gran descubrimiento".

Dispongamos el ánimo para recorrer la historia con aquel monje agustino alemán que llegó a afirmar —en el siglo XVI— que había descubierto "la fe que en verdad salva". Veamos los pasos que siguió en busca de esa fe. Sigamos con cuidado las consecuencias de su descubrimiento: ¿por qué fue tan perseguido? ¿Por qué esa fe suya trajo tan enorme división entre protestantes y católicos? Indaguemos si la fe de Lutero coincide con lo que entendemos hoy como la fe presentada en la Biblia. Investiguemos para entender por qué tantas personas —por toda Europa— siguieron con alegría a Lutero en vez de seguir al Papa romano. Busquemos los secretos de aquella fe y preguntemos: ¿Tendremos hoy necesidad de un Lutero en nuestra iglesia?

Capítulo 2

En busca de la "fe" que salva

La justicia de Dios se revela por fe y para fe; como está escrito, mas el justo por la fe vivirá (Romanos 1:17).

Introducción

El buen pedagogo siempre se pregunta: "¿Cómo puedo darle vida a un concepto abstracto?" En este caso el concepto es "la fe que salva", y lo que se pretende es hacer vivir lo que esa fe tan peculiar y especial es en verdad. Por este motivo escogí a uno de los personajes históricos más controvertidos de uno de los períodos más convulsionados de la historia, para ejemplificar no solo la búsqueda de esa fe que salva, sino también para mostrar sus efectos y consecuencias. El personaje es Martín Lutero y la época es el siglo XVI. Su importancia se evidencia mediante la siguiente anécdota: "El decrépito mundo medieval llegaba a sus últimos estertores. Un viejo y cansado predicador, Johann Geiler, de Estrasburgo (una de las voces más elocuentes en sus días), exponía su predicación final ante el Emperador Maximiliano. Entonces dijo : "Puesto que ni el papa, ni el emperador, ni el rey, ni el obispo están dispuestos a reformar nuestra vida, Dios enviará a un hombre con ese propósito. Anhelo ver ese día... pero soy demasiado viejo. Muchos de ustedes lo verán; acuérdense entonces de estas palabras". Tal como lo predijo, el hombre llegó y, con él, la Reforma del siglo XVI. Reforma que no solo revolucionó al mundo entero, sino que también cambió nuestra interpretación de lo que es "*La fe que en verdad salva*". Veámoslo.

Era un día caluroso del mes de julio de 1505. Martín, joven graduado de 22 años, regresaba de visitar a sus padres, Hans y Margaret Lutero, en su ciudad natal, Eisleben. Cabalgaba de regreso a la Universidad de Erfurt (la más famosa de Alemania) donde, a instancias de su padre, completaría su licenciatura superior en leyes. En su pecho, sin embargo, albergaba otro deseo: encontrar el verdadero sentido de la vida; y sobre todo, la paz con Dios. Para eso, quería hacerse monje. Pero su padre había prestado oídos sordos a sus ruegos. Martín, que desde muy pequeño había obedecido y seguido las rígidas normas de su padre, regresaba a Erfurt habiendo dejado a un lado sus propios deseos.

De manera inesperada el ardiente sol desapareció tras las negras nubes. Al principio Martín sintió alivio, no solo del calor del día, sino de la pesadumbre que le embargaba el tener que volver a los estudios que no le interesaban. Martín —joven alegre, agudo, trabajador, amante de la música, profundamente religioso, de corta estatura pero de cuerpo fuerte— observaba el cielo con desconfianza. Pensaba que esas nubes eran traidoras y que de seguro escondían una temible tempestad. A su vista aparecían las torres de las iglesias de Stotterheim con sus cruces levantadas al cielo. Con las espuelas, animó a su caballo. Quería, si era posible, alcanzar esa aldea antes de que la tormenta se desatara. Su esfuerzo, sin embargo, fue inútil. Fuertes ráfagas de viento comenzaron a levantar el polvo del camino y espesas gotas de agua humedecían su rostro. Delante de él veía una cortina de agua que estaba por caerle encima. Con un tirón de riendas, dirigió su cabalgadura hacia el bosque que rodeaba el camino. Allí, debajo de un frondoso roble, buscó refugio.

Tan pronto pudo acomodarse debajo del árbol, un tremendo rayo cubrió de luz el aire, lanzando a Martín lejos de su cabalgadura. Seguro de que se desataba sobre sí el terrible juicio de Dios por obedecer a su padre más que a los mandatos de su propio corazón, a gritos —que imaginamos podrían oírse por encima del trueno— clamó: "¡Sálvame, Santa Ana, y me volveré monje!"

Educado con una sencilla y absoluta fe en la intercesión de los santos, el terror del infierno y el valor no solo de cumplir, sino de guardar los votos hechos, Lutero siguió el destino señalado por los hechos que acababan de suceder. Era la única forma conocida por él para ofrecerse por completo a Dios. Desde joven había aceptado las creencias de la iglesia sin cuestionarlas. Como un convencido católico creía en las respuestas que le daba la iglesia en todo lo referente a Dios, al pecado y a la salvación. Si la iglesia decía que recibir los sacramentos, hacer peregrinajes, confiar en las indulgencias y doblegarse ante las penitencias era la manera de conseguir y mantener la paz con Dios, ¿quién era él para cuestionarlo? Con nueva disposición —producto de la furia de la tempestad interna ya apaciguada— volvió a montar en su cabalgadura.

Al llegar a la ciudad de Erfurt anunció a sus compañeros de clase que abandonaría el estudio de las leyes para hacerse monje. Con tal fin decidió ingresar al monasterio de la orden de los agustinos, en la misma ciudad; donde el párroco era Juan Staupitz, un hombre de sincera piedad, con fama de buen maestro de teología. El mismo sacerdote cuya paciencia, humildad, sabiduría y sinceridad cristianas ejercerían gran influencia en la vida, carácter y pensamiento del joven Martín.

En la tarde del 16 de julio, en la misma taberna donde tantas veces había celebrado sus triunfos, organizó su despedida. Allí, hasta bien entrada la noche, él y sus amigos bebieron, cantaron y se abrazaron. A la mañana siguiente, acompañado por sus mejores amigos, caminó hacia las puertas del monasterio. Con los últimos abrazos, el día 17 de julio de 1505, el joven Martín dio la espalda al mundo para cruzar los portales del monasterio de la orden de los Eremitas Agustinos Recoletos, uno de los cinco monasterios de Erfurt. Su ferviente deseo era que este paso lo condujera a una vida de santidad y de paz con Dios.

Dice Atkinson: "Este monasterio gozaba de gran prestigio. Estaba habitado casi siempre por eruditos y clérigos, y el trabajo fuerte (excepto los típicos oficios disciplinarios) era realizado por hermanos legos iletrados. Lutero fue retenido en la hostería para observar el estado de su alma, para probar su vocación y ver si sería capaz de soportar la dureza de la disciplina monacal".

En consagración sincera poco a poco aprendió —como todo monje— a hacer actos de reverencia, a doblar la rodilla, a postrarse, a andar cabizbajo, a no reírse nunca, a hablar por señas y a conservar una apariencia de humildad. El joven Martín estaba persuadido de que había escogido el camino que todos los santos habían transitado. De corazón y alma hacía todo lo que podía en busca de aquellos méritos que la iglesia prometía le traerían la paz tan deseada. Aunque a sus hermanos frailes no les gustaba su intensa piedad —pues les hacía parecer inferiores—, sus superiores lo admiraban por la pureza y sinceridad de su búsqueda espiritual.

Para septiembre del año 1505, no solo él, sino también sus superiores, sabían que este dedicado y comprometido novicio estaba listo para aceptar la tonsura y tomar los hábitos. Con sumo gozo, a los pies del prior, escuchó el rezo de consagración:

> "Cristo Jesús, quien por designio propio te vestiste con nuestra mortalidad, te imploramos que por tu infinita misericordia te dignes bendecir estos hábitos que los santos padres han escogido como señal de pureza y renuncia. Que este tu siervo, Martín Lutero, quien hoy toma estos hábitos, sea también vestido con tu inmortalidad, tú que vives y reinas con Dios el Padre y el Espíritu Santo, y eres Dios por los siglos de los siglos. Amén".

Lutero, convertido ya en monje, disfrutaba de la tranquilidad del monasterio, y cumplía fielmente con todos los ritos que pensaba lo llevarían a esa paz tan deseada. Se contentaba con pasar sus días en meditación, canto y estudiando teología. Si ese era el camino que la iglesia cristiana había establecido como ideal para encontrarse con Dios, sería él el mejor y más fiel de todos los monjes.

Al observar su humilde constancia, incuestionable fidelidad y total dedicación, los superiores del monasterio pronto lo seleccionaron para el sacerdocio. El paso inicial era dirigir una misa, ocasión de gran importancia para todo novicio, ya que representaba la manera por la cual la iglesia extendía al mundo los gloriosos medios de gracia divina.

Es por medio de la misa como la Iglesia Católica revive la crucifixión: ella enseña que el pan y el vino se convierten en la carne y sangre de Jesucristo. ¿No había proporcionado santo Tomás de Aquino (1226-1274) el fundamento filosófico de la "sustancia y los accidentes", confiriendo a la doctrina de la transubstanciación la respetabilidad y aceptación intelectual, en perjuicio de la doctrina de la misa según el Nuevo Testamento? Por tal mérito la iglesia pretendía colocarse por encima de todo poder y autoridad en la tierra, puesto que en ese acto tiene en sus manos la habilidad de entregar a los pecadores el mismo cuerpo y sangre de Cristo que les limpia de pecados. Usando tal razonamiento los profesores de la iglesia enseñaban a sus crédulos discípulos la siguiente doctrina:

> ¿Qué rey, emperador u hombre tiene a su alcance tan honrosa capacidad? Reposa en las manos del más humilde sacerdote este increíble poder, vistiéndole de la virtud más significativa del mundo entero, la de hacer revivir la misma carne y sangre de Cristo. ¡Ni aun los ángeles disponen de tal habilidad!

Así fue como en su programa religioso monacal le tocó a Martín, el 2 de mayo de 1507 (cumplidos ya sus 24 años de edad), recibir esos sagrados elementos de gracia, misterios por los cuales —creía de corazón— Dios se haría presente en forma viva por medio de su carne y sangre en el pan y el vino de la misa. Con el toque de campanas y el canto del salmo "Cantad a Jehová cántico nuevo", Martín tomó su lugar ante el altar. Con tono fuerte y seguro comenzó a pronunciar las palabras de consagración que tanto había ensayado. Sin embargo, al llegar a la parte que dice, "Te ofrecemos a ti, el Dios vivo, verdadero y eterno", no pudo seguir. Más tarde explicó su silencio con las siguientes palabras:

> Al pronunciar esas palabras me encontré estupefacto y lleno de terror. Me preguntaba: "¿Con qué lengua puedo yo dirigirme a tan alta Majestad? Los hombres tiemblan ante la presencia de un príncipe terrenal, ¿quién soy yo para atreverme a levantar

> mi vista y mis manos al Altísimo? Los ángeles rodean su trono. Con una sola mirada tiembla la tierra. ¿Cómo podré yo, un miserable ser ante su vista, decirle: Dame esto o quiero aquello? Ante él soy como polvo y ceniza, lleno de pecado, ¿Quién soy yo para dirigirme al verdadero, sublime y eterno Dios?"

Sin embargo, con ayuda de los superiores recobró el ánimo y pudo terminar la misa, pero esa experiencia despertó inquietudes que lo agobiarían por cinco años más. Sirvió para aumentar su sentido de insuficiencia y pecaminosidad ante Dios.

Mientras tanto, debía también seguir con su preparación. Las reglas de la orden agustina requerían el estudio diario de la Biblia, por lo que le regalaron un ejemplar con tapa roja. Hasta el último día de su vida Martín amó esa Biblia. La que estudiaría con tanto afán y de la cual aprendería muchos pasajes de memoria. Como resultado, "la Biblia comenzó a dominar su pensamiento y la usaba como base y criterio para todas sus conclusiones".

La ventaja de vivir en el monasterio era que no había distracción alguna. Podía entregarse por completo a la búsqueda de Dios. Martín había entrado para aliviar las angustias de su alma, pero el monasterio sirvió más bien para agudizar esa búsqueda. Esa inquietud presagiaba una obsesión. Ayunaba a veces por días seguidos, sin siquiera probar un bocado de comida. Como autocastigo se quitaba las frazadas en las noches de invierno, llegando varias veces a correr el riesgo de morir congelado. Hacía vigilias y oraciones como ninguno de sus compañeros. Se excedía en todos los requisitos de las reglas monásticas. En algunas ocasiones se alegraba de sus logros, declarando: "Hoy no he cometido ningún pecado", para luego preguntarse: "¿Habré hecho lo suficiente ante Dios; suficientes ayunos, suficientes sacrificios?" Entonces salía y regalaba otras propiedades suyas hasta quedarse con la ropa necesaria. Más tarde escribiría lo siguiente:

> Sí, en verdad. He sido un monje piadoso. Y tan estrictamente fiel a la regla, que puedo decir: Si monje alguno llegó al cielo por virtudes monacales, yo también habría llegado. Solo que

> si el juego hubiese durado un poco más, habría muerto de vigilias, rezos, lecturas y otros trabajos.

¿Qué fue lo que su alma logró con todas esas obras de penitencia? Solo satisfacer una creencia irracional. Puesto que era el único camino que la iglesia le proponía, con fe ciega seguía todo lo que se le pedía; tan determinado estaba en su búsqueda de Dios. A su vez, no se había desprendido por completo de su capacidad de razonamiento. Poco a poco, bajo un análisis real de su condición y avance espiritual después de todo lo que había hecho, llegó a la triste convicción de que no había modo de librarse de su pecado. Trató cientos de veces de vencerlo por sus propios medios, pero tenía que reconocer que no había manera de aplastar esas fuerzas malignas en su interior para transformarse en hombre de pureza y santidad. El pecado era un monstruo arraigado con fuerza en él. Llegó a la convicción de que el pecado lo mantendría para siempre separado de su Creador:

> "Yo no creía en Cristo —escribiría en 1537— sino que lo tomaba por un juez severo y terrible, tal como lo pintan sentado en el arco iris". Y en 1539: "¡Cómo me ha asustado a menudo el nombre de Cristo!... Hubiera preferido oír el del diablo, porque estaba persuadido de que tendría que realizar buenas obras hasta que por ellas Cristo se me volviera amigo y favorable".

Con mucho interés comenzó a leer los escritos de Agustín de Hipona (354-430), padre de la orden agustiniana en la cual estudiaba. No solo le atraía la brillantez de este antiguo predicador del evangelio de la gracia divina, sino también su extraordinaria piedad. Con avidez buscaba el secreto del acercamiento a Dios tan evidente en Agustín. Leyendo *De Trinitate* [Acerca de la Trinidad], Lutero escribió al margen del libro: "Creer es creer en la humanidad de Jesucristo, que se entregó por nosotros en esta vida para darnos vida y salvación. Porque Él mismo, por nuestra fe en su encarnación, es nuestra vida, nuestra justificación y nuestra resurrección".

La luz del evangelio comenzaba a penetrar en su entendimiento. Sin embargo, a pesar de conocer y creer grandes verdades acerca del Salvador, todavía no había llegado a dar el paso de creer en una fe salvadora. Al contrario, leyendo más de ese consagrado padre, comenzó a temer nuevamente por causa de la condenación eterna que Martín asociaba con la palabra "predestinación", empleada con tanta frecuencia por Agustín.

Al fin llegó a entender que esa doctrina estaba muy relacionada con la gracia de Dios expresada en la obra hecha por Jesucristo cuando murió en la cruz por los pecadores. Por último, perdió el terror a esa palabra, cuando entendió que el sentido de la predestinación se hallaba en la doctrina más amplia de la soberanía de Dios ya que éste, por ser el justo Creador, en forma infalible controla todo lo que ha hecho. Como declara el apóstol Pablo: "Por precio fuisteis comprados"; en otras palabras, Jesucristo con su propia sangre compró el derecho de salvar al que quisiera. Para Lutero, Agustín llegó a ser un oasis en ese desierto de su desespero espiritual.

El doctor Staupitz, vicario general de los agustinos en Alemania, se interesó por conocer mejor a este joven que había dejado el estudio de las leyes para convertirse en monje. En el otoño de 1508, en forma inesperada Lutero fue trasladado a Wittenberg. Allí, en un pueblo de unas quinientas personas, había dos monasterios junto a la famosa Iglesia del Castillo. Además, había sido un lugar importante porque era la capital del electorado. Más importante aun, porque allí el príncipe electo de Sajonia, Federico III —llamado el Sabio— fundó en 1502 la Universidad de Wittenberg. Sin poder ocultar su ambición, el príncipe quería que esta fuera la universidad más importante de Alemania.

En esta forma, bajo la supervisión del doctor Staupitz —que ocupaba la cátedra de Biblia— y Martín Mellerstadt, se buscaba a los mejores profesores para esta universidad. Escogieron a Lutero porque habían visto en el fraile no solo un extraordinario talento, sino sincera piedad. Sin embargo, como no tenía un doctorado (en aquellos días solo los poseedores de ese título podían asumir la cátedra de Biblia y Teología), le dieron la cátedra de Filosofía Moral. Junto a su trabajo como profesor, hizo estudios adicionales en la universidad, y en marzo de 1509 obtuvo su *baccalaureatus biblicus (bachillerato bíblico)* y aprobó su examen sobre las *Sentencias.*

Animado por Staupitz a terminar su doctorado, regresó en el otoño de 1509 a Erfurt con ese propósito. Un año más tarde (octubre de 1510) fue elegido para que acompañara a Juan von Mecheln a Roma. El objetivo era buscar mediación papal debido a una protesta contra el vicario general que no podían resolver en forma local. Para Lutero tal viaje significaba mucho más. Lo vio como una peregrinación a la Ciudad Eterna, donde tendría la oportunidad de aliviar su alma con la confesión sacramental y buscar en los sabios y santos de la iglesia consejo y luz pastoral para las incógnitas espirituales que aún atribulaban su alma.

Cuando a la distancia contempló la ciudad, sobrecogido de gozo gritó: "¡Salve, Roma santa! ¡Tres veces bendita seas por la sangre de tus mártires!" Un mes entero pasaron en Roma, nos informa Atkinson:

> Para Lutero fueron cuatro semanas de desilusión fulminante. El sencillo, devoto e instruido fraile intentaba con ansias aliviar su alma en confesión y búsqueda de consejo y luz pastoral, pero todos los que encontraba [en Roma] eran hombres miserables, ignorantes, iletrados, incapaces de escuchar o de mantener en forma adecuada cualquier confesión, mucho menos la suya. Cuando celebraba misa, lo empujaban sacerdotes ansiosos de cumplir sus cuotas y de maltratar su tarea sacerdotal. "Apúrate, tú", le gritaban, queriendo usar su altar cuando él apenas había llegado al evangelio. Su normalidad en la celebración de la misa creó un tapón en la línea de producción de las celebraciones. En una ocasión presenció siete misas celebradas en una sola hora.

Lutero buscaba purificarse de su propia pecaminosidad. Con sincera piedad cumplía los votos y ritos requeridos, con pureza de corazón rehuía todo lo que pudiera ofender a Dios. Pero en la Ciudad Eterna veía a los propios líderes religiosos cubiertos de corrupción y pecado. En aquel lugar que debiera simbolizar todo lo sagrado —el mismo clero—, Lutero descubrió como encarnados todos los abusos que la cristiandad en forma universal condenaba. Para él fue un despertar agonizante. Como dice L. Febvre, con cierto sentido del humor: "Roma hizo a Lutero luterano".

> Se horrorizó al saber las aventuras del Papa Alejandro VI y sus hijos ilegítimos. Se disgustó con la frívola incredulidad de los sacerdotes romanos y la escandalosa conducta de los cardenales. Lo que oyó y vio del pueblo común y corriente le pareció sucio y bajo, incluso disoluto. Se sintió asqueado al ver que la gente hacía sus necesidades fisiológicas en las esquinas de las calles, con la misma vulgaridad de un perro vagabundo. Se sintió extrañado y horrorizado, disgustado y desilusionado por todo lo que veía y oía.

L. Febvre, para mostrarnos más el carácter de este hombre tan cristiano, añade que cuando Lutero regresó a Alemania "callaba todavía", añadiendo que como hijo respetuoso de la iglesia, "se esforzaba por cubrir con piedad filial una vergüenza demasiado manifiesta". A su vez, no se puede negar que ese viaje a Roma fue fundamental para comenzar a quebrantar la confianza tan grande que Lutero había depositado en la iglesia.

Otro suceso del viaje debemos comentar, ya que es muy mencionado por los que escriben la historia de la Reforma del siglo XVI. Tiene que ver con las cosas que ayudaron a desgarrar su fe en las prácticas romanas. Ocurrió hacia el fin de su viaje:

> Se arrastró sobre sus rodillas para subir los veintiocho escalones de la *Scala Sancta,* la escalera que se suponía que Cristo había subido hacia Pilatos, rezando un Padrenuestro en cada escalón y besándolos piadosamente. Se creía que esta práctica liberaba un alma del purgatorio en un doloroso rescate, y el joven se preocupó bastante, porque la única alma que él suponía que habitaba en tan miserable lugar era la de su anciano abuelo... Cuando llegó a lo alto de la escalera, se

> planteó esta corrosiva pregunta: "¿Cómo sé yo que todo esto es cierto?"

Llegó a la Ciudad Eterna con un grito de gozo; regresó a Erfurt con grandes suspiros de tristeza. Estaba confundido, alarmado y deprimido. En su peregrinación a Roma aprendió que todo lo que la iglesia podía ofrecer (incluso una visita a la propia Ciudad Eterna) había sido incapaz de calmar su inquietud espiritual. Con esta experiencia tan dura, empezó en forma lenta pero eficaz a cambiar su visión de una iglesia romana como medio de salvación, a la convicción absoluta de la Biblia como el único y verdadero medio que lleva a Jesús, el que en realidad podría traer salvación al hombre pecador.

Apenas puso el pie en Erfurt, Staupitz le pidió que se trasladara de nuevo a Wittenberg. Martín ahora cumplía 28 años de edad. Estos años, 1511 y 1512, iban a marcar dos acontecimientos que transformarían su vida. Veámoslos uno por uno.

El primer acontecimiento tuvo lugar en 1511. Al llegar a Wittenberg, Staupitz le informó que el plan era que Martín, al recibir su doctorado de la Universidad de Leipzig, lo reemplazara a él en la universidad como catedrático de Biblia y Teología. Pero para pagar esos estudios finales, ya que ni Staupitz ni Lutero tenían los recursos, apelaron al príncipe Federico. Este accedió bajo una condición, a saber, que Lutero prometiera ocupar esa cátedra en Wittenberg todo el resto de su vida. Al no tener otra alternativa, Lutero hizo la promesa (que, por cierto, cumpliría). Recibió la licencia para ser candidato al doctorado.

Un año más tarde, una vez completados todos los estudios y sus requisitos, recibió su doctorado. La ceremonia fue celebrada a las siete de la mañana en un aula de la universidad. Juró fidelidad a la iglesia y no enseñar doctrinas falsas (cosa que luego en la Dieta de Worms demostraría con gran elocuencia). A cambio, recibió una Biblia abierta y otra cerrada: símbolos de que de ahí en adelante su trabajo sería estudiarla y enseñarla. Recibió también el birrete académico y el anillo de plata: símbolos de su nueva autoridad académica. Todo eso tuvo lugar el viernes 19 de octubre de 1512. El lunes siguiente, a las siete de la mañana, el doctor Martín Lutero, nuevo catedrático de Biblia y

Teología de la Universidad de Wittenberg, dictaba su primera lección basada en el libro de Génesis. Nadie podía imaginar ni la fama ni la revolución que rodearía a esa universidad y a ese pequeño pueblo de Wittenberg como consecuencia de aquel nombramiento.

Su habilidad como maestro y predicador pronto fue notada por los ciudadanos de Wittenberg, y en 1514 fue nombrado pastor de la Iglesia Santa María, en el centro de la ciudad. En mayo del año siguiente, fue elegido vicario del distrito de los agustinos, que comprendía no solo los monasterios de Meissen y Thuringia, sino también otros nueve más, incluso el de Eisleben su pueblo natal. Su trabajo aumentó en forma increíble. Tenía que predicar en la iglesia cada domingo, enseñar teología en la universidad, visitar y administrar los once monasterios de su distrito. Todo lo hacía con distinción y excelencia. Llegó a ser reconocido en todo el distrito como hombre prudente, inteligente, hábil, seguro de sí mismo, estudioso, decidido a la vez que genuinamente humilde y receptivo.

En medio de toda esa agitada vida ocurrió el segundo suceso —el cual requiere nuestro mayor cuidado, ya que nos trae al punto central del relato— en abril o mayo de 1513. Tuvo que ver, en forma muy significativa, con el feliz descubrimiento de cuál sería la verdadera fe que salva. Este hallazgo de Lutero no solo transformaría su vida personal, sino que también serviría como base principal para la gran Reforma del siglo XVI. El mundo entero, tanto religioso como político, se vería afectado como una lógica consecuencia.

Habiéndose desprendido de los asfixiantes lazos de profesores y consejeros, ahora trabajaba a solas. Estudiaba en la torre universitaria y preparaba un curso que debía impartir en el otoño sobre la Carta de Pablo a los Romanos. A solas tenía tiempo para reflexionar y resumir sus propias ideas.

Entró en la torre aquel día aceptando lo que la iglesia enseñó durante casi mil años. Enseñanzas que se habían apartado de los apóstoles, de Pablo, de los Padres del siglo II y de Agustín de Hipona. Salió de la torre como un hombre completamente transformado en sus conceptos e ideas, volviendo a creer el glorioso anuncio de la iglesia cristiana que en los primeros siglos se había predicado y creído. Cuando entró a la torre, entró creyendo —como los semipelagianos— que afirmaban lo siguiente:

> "El hombre puede hacer todo lo que quiera y es capaz de ganar la recompensa de la bienaventuranza eterna por sus propias obras y esfuerzos... que es posible el cumplimiento absoluto de los Diez Mandamientos, incluso el más amplio de amar a Dios con todo el corazón... y que Dios ha capacitado al hombre para obtener su favor por medio de actos meritorios, poniendo su sello al asentimiento del hombre a los sacramentos".

Esta era la creencia general de aquellos días. Eso no significaba que los teólogos católicos en los tiempos de Lutero no creyeran en la gracia divina, sino que creían que esta era extendida al hombre cuando se había hecho todo lo que estaba a su alcance. La frase técnica usada era que Dios exige del pecador "todo lo que de él dependa". Basándose en esa frase la iglesia edificó todo un gigantesco andamiaje de obras meritorias. Cargando todo el bagaje de sus muchos esfuerzos propios, Lutero ahora se preguntaba: "¿Cómo podría él, o cualquier otro, saber alguna vez si había hecho lo suficiente para merecer esa gracia tan escurridiza?"

> La iglesia enseñaba que si se mantenía siempre vivo el miedo al castigo eterno, ese mismo miedo empujaría al hombre a algún tipo de arrepentimiento, aunque fuese a medias... Enseñaba que la confesión arrancada de un alma humana bajo presión no era en absoluto una confesión pura. De hecho tenían una palabra especial para ello. Se trata de *attritio, no contritio; atrición, no contrición*... Así que enseñaban un método para elevar la atrición a contrición, por medio de un sacramento sistematizado, a través del confesionario. La confesión entrenaba al alma para conseguir el amor puro a Dios y para conocer la genuina contrición. Lutero sabía todo eso. Pero se mantuvo como el hombre que tiene un caballo cojo, es decir, que no podía montarlo, ni tampoco llevarlo a cuestas.

Efectivamente, el problema de Lutero era que creía en la iglesia, seguía a la iglesia, confiaba en la iglesia y reposaba su fe en la iglesia. Creía —junto a sus amigos, profesores y pueblo cristiano en general— en las fórmulas y prescripciones que desde su niñez había aprendido. Entró a la torre creyendo de corazón que "la iglesia lo llevaría a Dios y al cielo".

Ahora en la torre universitaria solo tenía una Biblia. Sobre ella dirigió su vista en intensa concentración. Escudriñó el sentido del apóstol donde dice: "*No me avergüenzo del evangelio, pues es poder de Dios para salvación de todo aquel que cree, porque en el evangelio la justicia de Dios se revela...*" y en esa última frase se detuvo. No comprendió cómo el apóstol pudo reunir bajo un mismo sentido "*el evangelio*" y la "*justicia de Dios*". A su memoria vino una frase de los Salmos que al enseñarla igualmente le había dado que pensar: "*Líbrame en tu justicia*". En aquella ocasión se había preguntado: "¿Cómo puede la justicia traer libertad?"

Toda su vida había asociado la *justicia* de Dios con los *juicios* temibles del Altísimo. Así se lo enseñaron tanto en la universidad como en la iglesia y en el monasterio. Sin embargo también como doctor que era en teología, se sentía pecador, y esa palabra *justicia* todavía lo llenaba de terror e incluso de cierta hostilidad hacia Dios quien ya no consideraba al pecador con misericordia. Se decía: "¡Ciertamente, si Dios es justo yo, Martín Lutero, estoy condenado!" No entendía cómo el apóstol Pablo podía unir los juicios de Dios con el evangelio. Se preguntaba: "¿Cómo puede el juicio de Dios ser una buena nueva?"

Su idea era que Dios mostraba su *justicia* castigando a los pecadores cada vez que hacían mal. Por lo tanto, la única manera como un pecador podría escapar a esa *justicia* era haciendo todo lo que Dios le pidiera. De ahí la necesidad indispensable de hacer obras meritorias, para evitar el castigo. Dice Febvre:

> Había intentado cientos y miles de veces alcanzar el puerto por sus propios medios. Purificar su alma; aplastar en ella las fuerzas malas; transformarse de pecador en hombre justo... Sin embargo una experiencia adquirida con dureza, le

demostraba que todas sus tentativas para "merecer" la salvación terminaban para él en lamentables fracasos.

Siguiendo esa línea de pensamiento, Lutero hacía gimnasia con el texto de Pablo. No entendía que "solo Dios es capaz de suprimir el abismo proyectándose hacia el hombre, rodeándolo de un amor eficaz, de un amor que, penetrando a la criatura, la regenera y la eleva hasta el Creador".

En medio de esa lucha, una luz apareció en su mente: "Eso que pensaba y que me enseñaron no es lo que dice el apóstol Pablo —se dijo—. El apóstol enseña que el hombre recibe justicia por un acto jurídico (forense) de Dios a su favor, y no por lo que el hombre mismo haga en su propio favor".

Lutero entendía que Pablo no se refería aquí a una justicia punitiva, es decir, de solo castigo; lo que dice en realidad es que hay una justicia divina que puede absolver totalmente al culpable. El apóstol se refiere a las gloriosas nuevas del evangelio: ¡Dios envió a Cristo Jesús al mundo para pagar en la cruz la pena del pecado! Jesús, como sustituto que recibe el juicio merecido por el pecador, ahora puede cubrirlo con la santa justicia que viene de ÉL. ¡Por eso —para ser sustituto de los pecadores— murió Jesús! ¡Los que están cubiertos por ese sacrifico ya no están bajo la justicia punitiva divina! ¡Están perdonados! ¡Libres!

Lutero comprendió que la fe no es la sola creencia en una realidad cualquiera, es más bien el reconocimiento del pecador en cuanto a que la justicia de Dios fue cumplida totalmente por medio de Jesucristo cuando murió en la cruz. Allí satisfizo todas las demandas de Dios. No hay nada, entonces, que una persona pueda aportar o contribuir, no hay ningún mérito personal que pueda ofrecer para satisfacer las demandas justas de Dios.

El pecador jamás se salva por sus buenas obras. Solo por medio de esa muerte sustituta de Cristo es como Dios perdona y declara limpio al miserable pecador, y le da vida nueva, la vida eterna del Cristo resucitado. Así lo explica Lutero: "Cuando me di cuenta de esto, me sentí como si hubiera nacido otra vez. Las puertas del paraíso se me abrieron de par en par y yo entré. El resultado fue que desde ese momento, toda la Escritura tomó otra perspectiva para mí".

Aquel día, salió de la torre universitaria como un hombre nuevo. Las cargas de su propia pecaminosidad habían desaparecido por completo. Ahora su confianza estaba puesta solo en lo que el Hijo de Dios hizo a su favor. Esa experiencia en la torre fue su gran momento iluminador.

> Se comprende entonces que Lutero haya presentado siempre su "descubrimiento" en la torre como una revelación. El hombre que, de pronto, después de haberlo buscado tanto, encuentra el remedio supremo para los males que lo corroen; el hombre que concibe, con una fuerza irresistible, una verdad que, siendo válida para él, le parece susceptible de ser aplicada a todos, ¿cómo podría creerse inventor de la felicidad que siente descender sobre él? Es necesario afirmar que se trata de una revelación.

De ahí en adelante empezaría a contemplar a la humanidad en una gran visión, a saber, desde su caída en pecado por la trasgresión de Adán hasta su glorioso rescate por Jesucristo. Al fin empezaba a comprender que ¡solo por la fe puesta en lo que Jesucristo hizo a favor del pecador, y solo por esa fe, llega este a recibir el perdón de sus pecados! ¡Ese es el glorioso anuncio del evangelio: justificación solo por fe! Y ese es el estandarte, la bandera, el pendón del protestantismo. Añade Atkinson:

> Durante unos mil años la iglesia se fue alejando cada vez más del evangelio que había determinado su nacimiento. Al permitir el enriquecimiento y el aumento de la corrupción, cesó en la práctica de entender el evangelio, y trocó sus derechos de nacimiento por el plato de lentejas de una institución poderosa, una filosofía semipagana y una teología semipelagiana.

En muchas ocasiones Lutero volvería a contar lo que descubrió aquel memorable día en la torre universitaria, ya que fue ello lo que fijó la base firme para la Reforma protestante del siglo XVI. Veamos:

Cuando era monje no pude lograr nada por medio de mis muchos ayunos y oraciones. Eso fue porque ni yo ni mis compañeros monjes... entendíamos el significado de pecado original ni tampoco sabíamos que la incredulidad también era pecado. Creíamos y enseñábamos que no importaba lo que hiciera una persona, nadie podía estar seguro del favor y la misericordia de Dios. El resultado de esta contraposición era que, mientras más buscaba yo a Cristo, tanto más Él se alejaba de mí.

Cuando al fin entendí que solo era por el favor inmerecido de la bondad de Dios como una persona podría recibir entendimiento y lograr la vida eterna, comencé a luchar con ardor para comprender lo que decía el apóstol Pablo en Romanos 1:17: *la justicia de Dios se revela en el evangelio.* Durante mucho tiempo (unos siete años) luché tratando de entender aquella frase. Pero las palabras latinas que traducían "la justicia de Dios" me entorpecían. La *justicia de Dios* ordinariamente se explicaba como la falta de pecado en Dios y la manera en que Él juzgaba a los pecadores. Todos mis maestros, con la excepción de Agustín, interpretaban la *justicia* de Dios como la *ira* de Dios. Así que cada vez que leía el texto pensaba que hubiera querido que jamás nos diera Dios el evangelio. ¿Cómo podía amar a un Dios, que estaba tan enojado con nosotros los hombres, que solo quería juzgarnos y condenarnos por nuestros pecados?

Por fin, con la ayuda del Espíritu Santo, pude considerar ese texto con más cuidado, y estudiar lo que el profeta Habacuc declara al decir: "*Pero el justo vivirá por su fe*" (2:4). Mi estudio me llevó a concluir que ese *vivir* nos viene por medio de la fe. Por tanto, llevé lo abstracto a lo concreto, como decimos en la escuela. Relacioné el concepto de la justicia con una persona que llega a ser justa. En otras palabras, una persona recibe la aprobación de Dios por medio de la fe. Al entender eso ¡se me abrió no solo la Biblia, sino el mismo cielo!

No puedo encontrar mejor conclusión para este ensayo que una cita del historiador Atkinson, en la que explica la importancia de Martín Lutero para la historia del cristianismo. La presento en la letra normal del texto para que sea leída con facilidad y claridad:

"Todo lo que Lutero hizo fue devolver el evangelio a los hombres, después de arrancar las corrupciones y los remiendos (que la iglesia le añadió). No hizo ninguna innovación, pero lo renovó todo. Cuando se acuñó para él el nombre de "reformador", se hizo la descripción correcta del papel que la historia le impuso. Lutero... redescubrió y revivió la fe evangélica en Dios y en el mundo, y allí —en el lugar en que Dios lo había colocado— aceptó todo lo que el Creador hizo en mil quinientos años, buscando en un mundo cambiado y cambiante el verdadero evangelio, más que ideas humanas. A diferencia de otras grandes figuras de la religión, no necesitó pequeños milagros, sueños y visiones para conferir un dudoso apoyo a su mensaje. El alma de Lutero se salvó en su estudio, mediante un arduo y penoso trabajo de los textos bíblicos. Descubrió que la teología ofrecida por la iglesia no se ajustaba a la Biblia ni a la experiencia, ni al sentido común. Quería que todos los hombres vieran de nuevo —con mirada fresca— la obra de Dios para el hombre tal y como se recoge en la Biblia; que observaran los hechos por su cuenta, a la luz del sentido común; que verificaran por sí mismos si estos concordaban o no con su experiencia, así como que empezaran a darles sentido a sus vidas en aquella desnuda situación seglar en la cual y fuera de la cual Dios les llamaba. La peregrinación de Lutero fue como una invitación a todos los hombres a otra peregrinación semejante".

Capítulo 3

En consecuencia de la "fe" que salva

Por la fe Abel ofreció mejor sacrificio que Caín... (Hebreos 11:4).

Introducción

Sin duda que la pregunta más importante que una persona puede plantearse es la siguiente: ¿Cómo puedo arreglar mis cuentas con Dios para que me acepte? A esta pregunta se han dado miles de respuestas. En el capítulo anterior, sobre la experiencia de Martín Lutero, vimos que este siguió en vano las enseñanzas de la iglesia en busca de ese perdón. Nada de lo que hizo le trajo el perdón de sus pecados.

Al fin, a solas con su Biblia en la torre universitaria de Wittenberg, descubrió el gran secreto de cómo arreglar sus cuentas con Dios. La Biblia le enseñó que el pecador es incapaz de salvarse a sí mismo y que Jesucristo satisfizo con amor todas las demandas divinas a favor del pecador. Lo único que este podía hacer era aceptar lo hecho por ese maravilloso Salvador a favor de él. Ese sencillo paso de fe fue lo que le abrió la puerta del cielo.

De ahí en adelante Lutero tuvo una misión muy importante: contarles a sus compatriotas cómo podrían encontrar también el perdón de Dios. Cumplir con esa misión, como veremos en este capítulo, lo expuso a la furia de los potentados eclesiásticos.

Apenas salió el jubiloso Martín Lutero de la torre universitaria —sin duda vigorizado por su gran descubrimiento— cuando la totalidad de esa nueva interpretación sobre el perdón de los pecados fue sometida a prueba de fuego. Por las aldeas y pueblos de Alemania una bula del Papa León X anunciaba una oferta especial: A cambio de unas monedas los alemanes podían comprar el perdón de sus pecados.[1] Por las calles de las ciudades, el pregonero Tetzel anunciaba: "Tengo en mis manos los pasaportes... que dan al alma entrada a los goces del paraíso celestial... Cualquiera puede ser perdonado, no importa el pecado cometido... El santo padre tiene el poder en el cielo y en la tierra para perdonar pecados, y si el Papa los perdona, Dios está obligado también a perdonarlos... En cuanto la moneda suena en la alcancía..."

Al oír esta noticia, Lutero se preguntó: "¿Cómo puede venderse algo que Dios ofrece gratuitamente por su gracia?" Así que decidió que antes que el pueblo fuera engañado, era urgente debatir aquella oferta.

Es fascinante estudiar la historia del desarrollo del sistema penitencial. Basta a nuestros propósitos recordar que el más responsable en la formación de esa doctrina fue el Papa Gregorio (540-604). Sus enseñanzas sobre el tema fueron institucionalizadas por la iglesia y llegaron a ser parte de la actividad religiosa del pueblo. En resumen, se enseñaba que las penitencias siguen cuatro etapas: primera, la conciencia de pecaminosidad y el temor del castigo divino; segunda —punto de vital importancia—, el pesar o contrición por haber pecado; tercera, la confesión de esos pecados a un sacerdote, junto con una humillación intencional por parte del penitente; y por último, hacer penitencia propiamente, es decir, "dar satisfacción" por los pecados cometidos y confesados.

Lo que le molestaba a Lutero era que la manera más popular y fácil en que los penitentes procuraban "satisfacción" era comprando indulgencias. Al hacer esto, Lutero creía que se eliminaba por completo la contrición, la parte más importante. Como teólogo, quería debatir

1. Una "indulgencia" era como un cheque certificado emitido por el Papa adjudicando al comprador una cantidad de "méritos acumulados por los santos".

este punto con sus iguales. En aquellos días, cuando un profesor quería debatir algún punto controversial, clavaba su desafío sobre la puerta lateral de la capilla principal de su ciudad. Así lo hizo Lutero. El 31 de octubre de 1517 apareció en la puerta de la Catedral del Castillo, en Wittenberg, el siguiente anuncio escrito en latín:

> *Por amor a la verdad y en el afán de sacarla a la luz, se discutirán en Wittenberg las siguientes proposiciones bajo la presidencia del Reverendo Padre Martín Lutero, maestro en Artes y en Sagrada Escritura y profesor ordinario de esta última disciplina en esa localidad. Por tal razón, ruega que los que no puedan estar presentes y debatir oralmente con nosotros, lo hagan, aunque ausentes, por escrito. En el nombre de nuestro Señor Jesucristo. Amén.*

Al anuncio Lutero añadió 95 tesis (afirmaciones respaldadas con su respectivo razonamiento) criticando las ofertas de perdón de pecados que acompañaban a la venta de indulgencias. Aquí citamos varias, preservando la numeración dada por Lutero (los que deseen leer las 95 tesis, podrán hallarlas en el Apéndice 1):

1. Cuando nuestro Señor y Maestro Jesucristo dijo: "Haced penitencia...", ha querido que toda la vida de los creyentes fuera penitencia.

5. El Papa no quiere ni puede perdonar culpa alguna, salvo aquella que él ha impuesto, sea por su arbitrio, sea por conformidad con los cánones.

21. En consecuencia, se equivocan aquellos predicadores de indulgencias que afirman que el hombre es absuelto a la vez que salvo de toda pena, a causa de las indulgencias del Papa.

36. Cualquier cristiano que en forma verdadera esté arrepentido, tiene derecho al perdón total de la pena y de la culpa, aun sin carta de indulgencias.

66. Los tesoros de las indulgencias son redes con las cuales ahora se pescan las riquezas de los hombres.

86. Del mismo modo: ¿Por qué el Papa, cuya fortuna es hoy más abundante que la de los más opulentos ricos, no construye la basílica de san Pedro con su propio dinero, en lugar de hacerlo con el de los pobres creyentes?

94. Es menester exhortar a los cristianos para que se esfuercen por seguir a Cristo, su cabeza, a través de penas, muerte e infierno.

95. Y a confiar en que entrarán al cielo a través de muchas tribulaciones, antes que por la ilusoria seguridad de paz.

Aclaremos que este tipo de debates en aquellos días era parecido a los escritos que hoy se leen en revistas científicas, dando oportunidad a los entendidos a rebatir los postulados propuestos. Sin saberlo Lutero, a los pocos días, por toda Europa se estaban leyendo las 95 tesis puesto que hacía poco tiempo se había inventado la imprenta y de inmediato se publicaron y repartieron en varios idiomas. Sin duda, un desafío a una bula papal por un sacerdote era noticia. Seguramente, de no ser por ese invento, jamás estas tesis de Lutero habrían llegado a la historia. Es más, dado que el debate que lanzó Lutero aquel día dividió a la Iglesia Católica y cambió la faz de Europa y del mundo, vale la pena dedicar aquí algún tiempo para observar su importancia histórica.[2]

Después de clavar las tesis sobre la puerta de la catedral, Lutero se preocupó por enviarle un ejemplar al arzobispo de Magdeburgo,

2. Aunque las 95 tesis establecen la primera protesta formal, otras personas antes de Lutero ya habían denunciado la venta de indulgencias: Juan Laillier, en 1484, había declarado que "el Papa no tiene poder para perdonar a los peregrinos por medio de indulgencias", añadiendo que "los decretos y decretales de los papas no son más que trampas y engaños". También Juan Vitrier en 1498 había declarado "que no se debe dar dinero por las indulgencias" y que "las indulgencias vienen del infierno". El mismo Lutero en 1516 y 1517 había predicado sermones denunciando severamente el valor de las indulgencias y el derecho del Papa para otorgarlas.

Alberto de Brandeburgo, y otros a algunos de sus amigos más íntimos. Al ejemplar que envió al arzobispo, adjuntó una carta con fecha 31 de octubre de 1517, pidiendo se pusiera fin a los abusos en la predicación de las indulgencias:

> "Perdóneme, reverendísimo padre en Cristo y príncipe ilustrísimo, que yo, hez de los hombres, sea tan temerario, que me atreva a dirigir esta carta a la cumbre de su sublimidad... Bajo su preclarísimo nombre se hacen circular indulgencias papales para la fábrica de San Pedro, de las cuales yo no denuncio las exhortaciones de los predicadores, pues no las he oído, sino que lamento las falsísimas ideas que concibe el pueblo por causa de ellos. A saber: que las infelices almas, si compran letras de indulgencia, aseguran su salvación eterna; ítem, que las almas vuelan del purgatorio apenas se deposita la contribución en la caja; además que son tan grandes los favores, que no hay pecado por enorme que sea, que no pueda ser perdonado aunque uno hubiera violado —hipótesis imposible— a la misma madre de Dios; y que el hombre queda libre, por estas indulgencias, de toda pena y culpa. ¡Oh, Dios Santo! Tal es la doctrina perniciosa que se da, padre óptimo, a las almas encomendadas a tus cuidados. Y se hace cada vez más grave la cuenta que has de rendir de todo esto. Por eso, no pude por más tiempo callar... ¿Qué hacer, excelentísimo prelado e ilustrísimo príncipe, si no rogar a tu reverendísima paternidad se digne mirar esto con ojos de paternal solicitud y suprimir el librito e imponer a los predicadores de indulgencias otra forma de predicación, no sea que alguien se levante por fin, y con sus publicaciones los refute a ellos y a tu librito, con vituperio sumo de su Alteza?
>
> "Desde Wittenberg 1517, en la vigilia de todos los santos. Martín Lutero, agustino, doctor en sagrada teología".

Alberto de inmediato envió noticia a Roma de lo que hacía este sacerdote intruso, pidiendo instrucciones de cómo responder ante el impedimento de las ventas de indulgencias. Por su parte, Lutero no sabía nada acerca del arzobispo, mucho menos de cómo llegó a ser asignado a ese importante puesto. Ya que esta información nos revela algo del estado espiritual de la Iglesia Romana, conozcamos algunos de los detalles y los juegos políticos dentro de esa institución.

La reconstrucción de la Catedral de San Pedro, en Roma, sirvió periódicamente de pretexto para levantar dinero por medio de la venta de indulgencias. El Papa León X (1513-1521),[3] tras un ascenso precipitado al poder, decidió levantar fondos para la reconstrucción de la catedral e indirectamente para aumentar su fortuna personal. Anticipándose a esas ventas, dividió a Alemania en tres distritos y —a cambio del pago de una fortuna— nombró a Alberto de Brandeburgo arzobispo de Maguncia, Magdeburgo y Halberstadt. Muy consciente de las ambiciones de Alberto y de su amor por el dinero, suspicazmente le concedió los derechos exclusivos para vender indulgencias.

España, Inglaterra y Francia rechazaban estas bulas papales por razones financieras; rehusaban pagar este tipo de impuestos a Roma. Alemania, sin embargo, bajo la débil mano del emperador romano Maximiliano I (1459-1519) cedía fácilmente ante todas las presiones del Papa. Maximiliano, adquirió el derecho de gobernar los Países Bajos al casarse con María de Borgoña en 1477.

En cuanto al país donde se iban a vender estas indulgencias, nos cuenta Lucien Febvre de los adelantos de que disfrutaban los alemanes. Dice así:

> Las ciudades alemanas, en los umbrales del siglo XVI, estaban en pleno esplendor. Tanto que los extranjeros no veían otra

---

3. Juan de Médicis era hijo de Lorenzo el Magnífico. Por la influencia y prodigalidad de su padre a la edad de siete años había recibido la tonsura, a los ocho el arzobispado de Aquisgrán y la rica abadía de Passignano, a los trece el capelo, a los catorce nombrado cardenal, a los diecisiete el voto en la Curia y a la edad de treinta y ocho elegido Papa. Al recibir noticia de su elección dijo a su hermano: "Ahora disfrutemos del papado, ya que Dios nos lo ha dado" (Martin Luther, Oak of Saxony, Edwin P. Booth, p. 455, contado también por Febvre, *op. cit.*, p. 78).

> cosa que las ciudades cuando visitaban Alemania... En esas ciudades pobladas, ruidosas, gloriosas, una prosperidad inaudita se alimentaba de todas las fuentes. Una burguesía activa, de una robustez incomparable... colosales fortunas acumuladas por todas partes. Centenares de hombres, gruesos mercaderes robustos, llenos de audacia y de confianza en sí mismos, trabajando duro, gozando mucho, saboreando las alegrías de la vida... Los alemanes, tan orgullosos de sus fortunas, de su habilidad en los negocios, de sus fabulosos éxitos... sufrían las consecuencias de no formar más que un país dividido, hecho de piezas y de fragmentos, sin jefe, sin cabeza: una amalgama confusa de ciudades autónomas y de dinastías más o menos poderosas.

Es en esta Alemania próspera, aunque dividida, donde el Papa León X y el arzobispo Alberto pretendían obtener ricos tesoros mediante la venta de indulgencias.

Lo que impulsó el éxito de Alberto en la venta de indulgencias fue su apreciable deuda con los banqueros de la Casa de Jacobo Fúcar. De ellos había obtenido un préstamo de treinta mil florines (moneda de oro antigua equivalente a unos 9.000.000 dólares) para comprar del Papa León X el nombramiento de arzobispo. Mediante la bula expedida el 31 de marzo de 1515, Alberto recibió autorización para quedarse con la mitad de la recaudación de las ventas de indulgencias, mientras que la otra mitad iría a las arcas pontificias. (Nos cuenta la historia que agentes de la Casa de los Fúcar, siempre acompañaban a los vendedores de indulgencias para asegurarse del pago que les correspondía.) Alberto era hombre ambicioso. A los 25 años de edad fue nombrado canciller de Alemania y luego arzobispo, para entonces llegar a ser la figura eclesiástica más poderosa de Alemania.

Lutero no estaba enterado de esas transacciones entre el Papa, Alberto y la Casa de los Fúcar. Ignoraba que la mitad de las ganancias de esas ventas iban a las arcas particulares de Alberto y el resto al Papa, bajo pretexto de la reedificación de la Catedral de San Pedro. Esos negocios —una de las operaciones más escandalosas de la historia de la iglesia— estaban fuera del conocimiento del piadoso doctor de teología de Wittenberg. Lo que sí sabía era que una de las expresiones más significativas de la piedad cristiana —cómo se obtenía el perdón de los pecados— se estaba violando por esta vergonzosa venta de indulgencias.

En su sermón sobre el tema, el 31 de octubre de 1516, afirmó: "Predicar que semejantes indulgencias pueden rescatar las almas del purgatorio es tener demasiada temeridad"; también: "El Papa es demasiado cruel si, teniendo, en efecto, poder para librar las almas del purgatorio, no concede gratis a las que sufren lo que otorga por dinero a las almas privilegiadas"; y en expresión de su verdadero temor: "¡Tened cuidado! ¡Que las indulgencias no engendren nunca en nosotros una falsa seguridad, una inercia culpable, la ruina de la gracia interior!"

Ahora que la historia nos ha dado a conocer lo que estaba detrás de estos acuerdos entre esos príncipes de la iglesia, nos interesa conocer algo del historial de Alberto de Brandeburgo. En su *Historia de Lutero*, Edwin Booth nos informa que Alberto era mundano, amante de lo espléndido y totalmente indiferente a las necesidades espirituales de su pueblo. Carecía de preparación teológica, para eso siempre tenía a su lado a un teólogo (en caso de que tuviera que decidir sobre algún asunto religioso). Solía acompañarse de artistas, poetas y librepensadores: el tipo de gente con la que se deleitaba.

Amaba tanto la música que traía músicos desde Italia para dar lustre a sus fiestas, a las cuales también invitaba a las damas más atractivas de la región. Finas alfombras y espléndidos espejos adornaban las salas y dormitorios de sus mansiones; costosos vinos y fina loza importada cubrían sus mesas. Con gran pompa aparecía en público, siempre acompañado de una escolta de ciento cincuenta guardaespaldas lujosamente armados y de cortesanos finamente vestidos, quienes a su vez eran seguidos por pajes que lucían el refinado arte de los caballeros.

A su vez, Alberto nombró a Johann Tetzel Diez, un dominico, encargado de las ventas de indulgencias, que al mismo tiempo asignó a subagentes para cubrir toda la nación. Tetzel nació entre los años

1450 y 1460 en Leipzig. Aunque algunos historiadores lo presentan como hombre ignorante y tosco, estudió en la Universidad de Frankfurt, obteniendo su título de licenciado en teología en enero de 1518. Además, era prior de un convento dominico y había obtenido su doctorado en filosofía. Comenzó a vender indulgencias en 1501.[4] Sirviendo a Alberto ganó fama como gran orador y poseedor de grandes habilidades persuasivas. Como funcionario oficial, viajaba con gran pompa por toda Alemania, proclamando y recomendando la compra de indulgencias en nombre del Papa León X y del Arzobispo Alberto.

Dondequiera que llegaba él, sacerdotes, monjes, magistrados, comerciantes, hombres y mujeres, viejos y jóvenes, le seguían en ruidosa procesión. Al frente llevaban la bula papal, colocada sobre una almohada y, al son de las campanas de la ciudad, la gente le seguía cantando, portando velas, desplegando banderas; todos marchando hacia la catedral principal de la ciudad donde la venta se llevaría a cabo. La alegría era expresión de gratitud al Papa por concederles la oportunidad de cancelar sus deudas con Dios mediante unas pocas monedas. A Tetzel lo trataban como un mensajero llegado del mismo cielo.

Una vez que entraban a la iglesia, colocaban la bula sobre un altar; donde se erigía una cruz roja desplegando los escudos papales, encima del cofre esplendoroso donde la gente depositaría el dinero de la compra de las indulgencias. Tetzel pronunciaba un vibrante sermón, enumerando los múltiples beneficios personales y eternos, animando a la gente a comprar las cartas de indulgencias. Con elocuencia y explicaciones gráficas rogaba que por piedad, amor y compasión comprasen las indulgencias ofrecidas por el benéfico Papa, con el fin de liberar a sus parientes y amigos muertos de las agonizantes y horrendas agonías que sufrían en el purgatorio.

---

4. Tetzel más tarde fue nombrado inquisidor papal con una defensa que hizo de la doctrina de las indulgencias en contra de Lutero. Resulta interesante que haya muerto en Leipzig en julio de 1519, en medio de un debate público entre Johann Maier Eck y Martín Lutero.

Concluido el sermón, con velas encendidas y gran reverencia, los creyentes se acercaban al cofre, confesaban sus delitos, pagaban el dinero y recibían las cartas. No tenían una clara distinción entre la culpabilidad personal y el castigo divino del pecado, pero se creían totalmente perdonados. La realidad es que recibían esas cartas de indulgencia como pasaportes válidos para entrar al cielo.

Personas prudentes y pensantes, sin embargo, miraban el espectáculo con pesimismo. Se preguntaban si Dios amaba más al dinero que a la justicia. Comentaban que el Papa, con su dominio absoluto sobre el tesoro incontable de los méritos de Cristo y otros santos, debería gratuitamente y por simple misericordia liberar a todos los que sufrían en el purgatorio; y que la construcción de la Catedral de San Pedro se debía hacer de otra manera, por ejemplo, con el propio dinero del Papa.

Era ante esta credulidad e ignorancia espiritual del pueblo, como Lutero se preguntaba: "¿Cómo es posible que se atrevan a vender algo que Dios ofrece gratuitamente por su gracia?" Y respondió escribiendo sus 95 tesis en protesta. Aunque hay que recordar que esas tesis únicamente eran cuestiones para discutir —no respuestas detalladas—, hallamos en ellas los grandes temas que llegarían a formar las bases doctrinales de la Reforma del siglo XVI.

Las objeciones de Lutero

1. La primera protesta de Lutero tenía que ver con el perdón de los pecados. Las tesis dejan muy en claro que a consecuencia de su estudio de la Biblia, Lutero había llegado a la conclusión de que no se obtiene el perdón por medio de la compra de indulgencias, ni por ninguna obra de penitencia que pudiera realizar el ser humano, únicamente procede por la fe puesta en lo que Jesucristo realizó en la cruz. En las primeras cuatro tesis, al pedir que se discutiera lo que Jesucristo quiso decir con "*haced penitencia*", establece la base para tal reflexión (vea la referencia a una "penitencia interior" que menciona en la tesis número 3). Razona en las tesis 2 a 4 que la penitencia válida es la que sale

del alma y que las obras exteriores nunca cumplen lo que Dios pide en el interior del alma. Es como si dijera: "Si con la compra de una indulgencia no se consigue nada, ¿qué es lo que absuelve realmente a un pecador?" A través de su vida enseñaría que lo único que en realidad vale es la fe que el pecador deposita en Jesucristo. Por eso afirma en forma rotunda que "*... se equivocan aquellos predicadores de indulgencias que afirman que el hombre es absuelto a la vez que salvo de toda pena, a causa de las indulgencias del Papa*" (tesis 21). Lutero, más adelante, con citas exclusivas de la Biblia, defendería a cabalidad la respuesta a esta tesis: la fe sola es la que salva, conocida como la **DOCTRINA DE LA SOLA FE** (véase los siguientes puntos de las 95 tesis):

1. Cuando nuestro Señor y Maestro Jesucristo dijo: "Haced penitencia...", ha querido que toda la vida de los creyentes fuera penitencia.
2. Este término no puede entenderse en el sentido de la penitencia sacramental (es decir, de aquella relacionada con la confesión y satisfacción) que se celebra por el ministerio de los sacerdotes.
3. Sin embargo, el vocablo no apunta solamente a una penitencia interior; antes bien, una penitencia interna es nula si no obra exteriormente diversas mortificaciones de la carne.
4. En consecuencia, subsiste la pena mientras perdura el odio al propio yo (es decir, la verdadera penitencia interior), lo que significa que ella continúa hasta la entrada en el reino de los cielos.[5]

2. La segunda protesta de Lutero tenía que ver con el asunto de quién en verdad puede perdonar los pecados de los hombres. ¿Puede el Papa? ¿Puede un sacerdote? ¿Puede algún hombre, sea quien sea? Lutero, más adelante (en sus encuentros con el cardenal Cayetano en Augsburgo, con Eck en los debates de Leipzig y finalmente en la Dieta de Worms) defendería en forma

5. Las tesis 36, 37, 58 y 62 también tienen que ver con este tema.

destacada las tesis que van de la 5 a la 22 presentadas aquí. Estos conceptos se llegarían a conocer bajo el nombre de la **DOCTRINA DE SOLO CRISTO:**

5. El Papa no quiere ni puede perdonar culpa alguna, salvo aquella que él ha impuesto, sea por su arbitrio, sea por conformidad con los cánones.
6. El Papa no puede perdonar culpa alguna, sino declarando y testimoniando que ha sido remitida por Dios, o perdonándola con certeza en los casos que se ha reservado. Si estos fueran menospreciados, la culpa subsistirá en su integridad.
22. De modo que el Papa no perdona pena alguna a las almas del purgatorio que, según los cánones, ellas debían haber pagado en esta vida.
60. No hablamos en forma exagerada si afirmamos que las llaves de la iglesia (donadas por el mérito de Cristo) constituyen ese tesoro [es decir, el perdón es dado solo por Cristo].

3. La tercera protesta aparece más velada, aunque está presente. Tiene que ver con el poder de la iglesia y los derechos del cristiano individual. En las tesis 36 y 37 establece que el hombre tiene acceso directo a Dios sin necesitar una mediación de la iglesia y que esta, por sus tradiciones y acciones, muchas veces obstaculiza la fe en Dios. Estas afirmaciones de Lutero se llegarían a conocer bajo el nombre de la **DOCTRINA DEL SACERDOCIO DE CADA CREYENTE:**

36. Cualquier cristiano que esté de verdad arrepentido, tiene derecho al perdón total de pena y culpa, aun sin carta de indulgencias.
37. Cualquier cristiano verdadero, sea que esté vivo o muerto, tiene participación en todos los bienes de Cristo y de la iglesia; esta participación le ha sido concedida por Dios, aun sin cartas de indulgencias.

4. La cuarta protesta tenía que ver con la falta de preponderancia sobre la Palabra de Dios. Por ejemplo, en la venta de las indulgencias se ignoraba por completo lo que decía la Biblia sobre el perdón. Es más, la importancia que se daba en las ofertas de las indulgencias contradecía, de manera literal, las enseñanzas bíblicas. En las tesis 53 y 54 hasta la 62 se establece la prioridad de la Palabra de Dios y la fiel predicación de ella. Luego se conocería esta defensa de Lutero bajo el nombre de **DOCTRINA DE LA SOLA ESCRITURA:**
   53. Son enemigos de Cristo y del Papa los que, para predicar indulgencias, ordenan suspender por completo la predicación de la Palabra de Dios en otras iglesias.
   54. Oféndese a la Palabra de Dios cuando en un mismo sermón se dedica tanto o más tiempo a las indulgencias que a ella.
   62. El verdadero tesoro de la iglesia es el sacrosanto evangelio de la gloria y la gracia de Dios.

5. La quinta protesta de Lutero tenía que ver con la manera en que el concepto del perdón mediante las indulgencias borraba totalmente la realidad de la gracia divina. Esta protesta se encuentra en las tesis 33, 34 y 68. Lutero defendería con ardor estos conceptos bíblicos bajo el nombre de la **DOCTRINA DE LA SOLA GRACIA:**
   33. Hemos de cuidarnos mucho de aquellos que afirman que las indulgencias del Papa son el inestimable don divino por el cual el hombre es reconciliado con Dios.
   34. Pues aquellas gracias de perdón solo se refieren a las penas de la satisfacción sacramental, las cuales han sido establecidas por los hombres.
   68. No obstante, las gracias son más pequeñas en comparación con la gracia de Dios y la piedad de la cruz.

Veremos en los capítulos que siguen cómo defendería Lutero cada una de esas creencias, fundamentándose en el texto bíblico. Primero, tenía que aprender que aun los que se declaran seguidores de Cristo muchas veces son los más reacios a aceptar las verdades claras del evangelio. Tenía que aprender lo fácil que es para una grande y gloriosa iglesia apartarse gradualmente de las verdades predicadas por Cristo y los apóstoles. Y en forma providencial tenía que aprender que *"es necesario que a través de muchas tribulaciones entremos al reino de Dios"*.

Las 95 tesis y la reacción a ellas

El efecto producido en Alemania y en toda Europa por la distribución masiva de estas 95 tesis no fue lo que esperaba su autor. Es fascinante observar que las grandes discusiones resultantes no surgieron tanto de los teólogos como del mismo pueblo. Las tesis fueron vendidas en las calles de París; recibidas con gran entusiasmo en Inglaterra; repartidas en Roma bajo las mismas narices del Papa. Desde Roterdam, Holanda, después de leerlas el gran humanista Erasmo escribió a Lutero: "No puedo describir la emoción, la verdadera y dramática sensación que provocan". Llegaron incluso hasta España.

Alberto, en primer lugar, y más tarde León X —que al principio creyó que se trataba de un borracho alemán que escribió las tesis y que, cuando los vapores se le fueran, hablaría de una manera distinta— no tardaron en darse cuenta de que si querían llenar sus alcancías con la venta de indulgencias, tendrían que taparle la boca a aquel inquieto profesor de teología de Wittenberg. Pensaban que eso sería fácil: bastaría declararlo hereje y lo quemarían en la hoguera. ¿Cuántas veces no lo hicieron? A continuación se reunieron los sabios en política eclesiástica para condenarlo públicamente y eliminarlo.

La primera acción del Papa fue entregar las 95 tesis a Prierias, el censor oficial del Vaticano. Después de estudiarlas escribió un documento que dedicó a León X:

> La única autoridad infalible para los cristianos es la iglesia (pues la letra de las Sagradas Escrituras es muerta), y la iglesia, es decir, los sacerdotes, son los que tienen el espíritu de interpretación; las mismas Sagradas Escrituras derivan su fuerza y autoridad de la iglesia.

Al recibir de ello un ejemplar, Lutero replicó en forma enérgica:"La Palabra de Dios, la entera Palabra de Dios, y nada más sino la Palabra de Dios, es la única autoridad". Es interesante, por demás, anotar que sería bajo ese presupuesto doctrinal como procedería Lutero. Tan seguro estaba de la verdad de la Biblia, de que el Dios que no puede mentir era su autor invisible, que determinó defenderse ante cualquier ataque acudiendo solo a ella. Sus acusadores, sin embargo, se acercarían con argumentos históricos, conciliares, papales y relacionados con las costumbres y tradiciones de la iglesia.

Es conveniente reconocer que Lutero siempre contestaría solo citando la Santa Biblia. En una ocasión dijo: "Estoy en deuda con los papistas[6] que, impulsados por los bramidos del diablo, me han abatido, afligido y abrumado sin piedad. En consecuencia, me han ido convirtiendo más o menos en un buen teólogo, cosa que no hubiera ocurrido sin esa oposición". Cualquiera que toma un poco de tiempo para leer los escritos de Lutero queda impresionado por el manejo preciso que tenía de toda la Biblia y de las cuantiosas citas bíblicas que usaba para respaldar sus argumentos.

Oyendo algunas de las preguntas de su antiguo profesor Staupitz a sus 95 tesis, junto con las de otros dignatarios, Lutero pensó que no entendían con claridad sus posturas. Por eso se propuso escribir algunas aclaraciones y así comenzaron a salir de su pluma libro tras libro, siempre ampliando, siempre apuntando al libro de Dios. Llegaría a escribir 67 tomos de obras en alemán y 33 en latín.

Una y otra vez, Lutero insistía en que el hombre sin la gracia especial de Dios no puede hacer el bien, que el hombre por su libre albedrío es impotente para cambiarse y hacerse aceptable ante un Dios santo, y que solo por la fe puede el pecador recibir el perdón divino. Quería que todos entendieran la verdad del evangelio. Observemos que con una mano iba entregando sus escritos a los impresores para que los repartieran al pueblo; y con la otra, enviaba ejemplares al Vaticano con el fin de que los oficiales de la iglesia entendiesen el engaño que

6. El vocablo "papista" era muy usado durante la Reforma protestante del siglo XVI para hacer referencia a los directivos y defensores de las creencias católicas.

perpetuaban contra el pueblo. Pero en lugar de servir estos escritos como aclaración y defensa, lo que hicieron fue enfurecer más a los dirigentes del Vaticano.

Todo comenzó sin malicia. Su intención no fue desafiar al Papa, sino que como teólogo y pastor veía que el pueblo era engañado con la venta de indulgencias. Solo Dios puede perdonar. Su intención fue solo rectificar un mal y aclarar la verdad bíblica del caso. Cuando la iglesia defendía un error, él como profesor y teólogo autorizado por la misma institución, se sentía con la responsabilidad moral y cristiana de reprenderlo. ¿Acaso el mismo Pedro no fue reprendido por Pablo en el primer Concilio de Jerusalén? La intención de Lutero era parecida a la de Pablo: Unir a la iglesia bajo la gloriosa verdad bíblica. Al estudiar estos primeros años de conflicto con la iglesia, podremos concluir que no fue Lutero quien abandonó a la iglesia, sino que fue esta la que lo abandonó a él y lo expulsó de su medio.

Como veremos en las páginas que siguen, el debate comenzaría con el tema de las indulgencias, pero no terminaría hasta desmantelar a un sin fín de aberraciones del Vaticano. Una contradicción que trae a la mente lo dicho por uno de los más destacados doctores de la Iglesia de Jesucristo, Agustín. Habló de dos amores: "El amor hacia sí mismo, hasta el desprecio de Dios; y el amor hacia Dios, hasta el desprecio de sí mismo". Es obvio que este monje de Eurfurt fue consumido por esa segunda clase de amor.

Capítulo 4

En defensa de la "fe" que salva

Lo que vale es la fe que actúa mediante el amor (Gálatas 4:5).

Introducción

Estudiar la vida de Lutero es descubrir a un hombre plenamente convencido de que "la Palabra de Dios, toda la Palabra de Dios y nada, sino la Palabra de Dios, es la única autoridad". Eso fue lo que le escribió a Prierias, el censor oficial del Vaticano, cuando este dijo que "la única autoridad infalible para los cristianos es la iglesia (pues la letra de las Sagradas Escrituras es muerta)". Esa fe absoluta en la Biblia, y no en la iglesia, es la causa que llevó a cinco enfrentamientos teológicos increíbles. En cada uno Lutero defendería las verdades del evangelio ante las variantes no bíblicas que la Iglesia Católica del siglo XVI introdujo como dogmas. Lo que más nos fascina es que, al contrario de lo que se le acusa, su deseo nunca fue dividir a la iglesia, porque Lutero más bien se había dedicado a salvarla de sus errores. En este capítulo conoceremos tres de aquellos encuentros históricos.

Lutero se defiende en Heidelberg

El Papa León X recibió de manos de su censor oficial, Prierias, un informe negativo en cuanto a las tesis de Martín Lutero. Uno de los historiadores nos dice que León X "las juzgó como literato más que como Papa" y que "la diversión que le causaron las tesis le hizo olvidar las severas verdades que contenían". En ese momento, con el informe negativo de su censor y la recomendación de que se le condenara como hereje, el Papa tuvo que tomar medidas. Se dio cuenta, como dice el historiador Manchester, de que en realidad no podía abandonar esas ventas:

> Desde el punto de vista financiero estaba próximo a la quiebra. Estaba reedificando una catedral, dirigiendo una guerra, costeando fiestas suntuarias, a la vez que mantenía los servicios artísticos de Rafael, Lotto, Vecchio, Perugin, Titián, Parmigianino y Miguel Ángel. Ya la curia romana estaba cansada de los malabarismos necesarios para nivelar los presupuestos y este monje alemán entrometido —un sencillo fraile— se atrevía a condenar la fuente principal de ingresos del Vaticano. A toda costa había que callar a ese monje intruso.

Es triste reconocer que el Vaticano desde el primer momento consideró a Lutero como un peligro desestabilizador. Si se hubiera tomado el tiempo para hacer algunas averiguaciones, habría visto la sinceridad de este estudioso alemán y hubiera encontrado a "un creyente apasionado por volver a descubrir en el fondo de su alma las fuentes profundas de la vida religiosa".

La primera reacción del Papa fue escribir una carta a Gabriel de la Volta, general de los agustinos en Alemania, para pedirle que apagara las llamas de la controversia creadas por ese atrevido teólogo alemán. Propusieron una reunión en Heidelberg, los días 21 al 26 de abril, de 1518, la oportunidad ideal para reprender a Lutero y obligarlo a ajustarse a las costumbres y creencias de la iglesia. Lutero, como vicario de la orden, ya formaba parte del programa, y debía entregar su informe regular. Además, mucho antes, se le había pedido hacer una defensa de la teología sobre la corrupción humana según las enseñanzas de Agustín, el padre de la orden. Bajo presión del Papa, Gabriel de la Volta le pidió que añadiera una defensa de su postura sobre las indulgencias y sus 95 tesis.

Al llegar a Heidelberg, Lutero fue recibido como huésped de honor, incluso fue invitado por el Conde Palatino a cenar con él y con Staupitz, su antiguo amigo, consejero y profesor. Una vez comenzada la reunión,

Lutero, por ser el vicario, presidió. Leonardo Beier, maestro de filosofía, fue nombrado para defender las 28 propuestas que Lutero con alguna anticipación había preparado para la reunión. Estas propuestas se basaban en las enseñanzas de Agustín de Hipona acerca de la incapacidad del hombre para el bien, la impotencia de la libre voluntad del hombre (es decir, el libre albedrío), y la justificación solo por la fe. En forma tranquila y sin altanería se llevaron a cabo las discusiones en las que muchos participaron. Lutero, basándose en la Biblia, apoyó las enseñanzas de Agustín, demostrando la manera como estas eran extraídas de las cartas del apóstol Pablo. Como ejemplo, veamos una de esas propuestas:

> Propuesta 3: *Aunque las obras del hombre siempre parecen atractivas y buenas, son en realidad pecados mortales* [están bajo condenación divina].
>
> RESPUESTA: Las obras humanas vistas desde el exterior siempre parecen atractivas. Sin embargo por dentro son como inmundicia, como indicó Cristo al referirse a los fariseos en Mateo 23:27. A vista de quien las hace y quienes las admiran aparentan ser hermosas, sin embargo Dios no juzga por las apariencias sino que examina "la mente y el corazón" (Salmo 7:9). Porque en realidad sin gracia y sin fe es imposible poseer un corazón puro. Hechos 15:9 dice: *Purifica sus corazones por la fe.*
>
> Esta propuesta se demuestra de la siguiente manera: Si las obras de las personas justas son pecaminosas, como en la propuesta 7 declaramos, mucho más lo son en este caso las de las personas que no son justas. Los justos hablan a favor de sus obras de esta forma: *No entres en juicio con tu siervo, porque no se justificará delante de ti ningún viviente* (Salmo 143:2). El apóstol indica lo mismo en Gálatas 3:10: *Porque todos los que son de las obras de la ley están bajo maldición.* Porque las obras de los hombres son las mismas de la ley y la condenación no viene por los pecados veniales [que ya han sido perdonados].

> Por tanto, tales [obras aparentemente buenas hechas por los injustos] son mortales [es decir, están bajo la maldición divina].
>
> En tercer lugar, Romanos 2:21 dice: *Tú que predicas que no se debe robar, ¿robas?* La interpretación que san Agustín da a esta declaración es que los hombres son ladrones cuando sus conciencias los condena como tales, a pesar de que públicamente estén juzgando o reprendiendo a otros que han sido comprobados como ladrones.

De igual forma Lutero, como se le había pedido, dio explicaciones apropiadas acerca de su oposición a la venta de indulgencias, basándose de nuevo en la Biblia. Ante el estamento religioso de su tiempo, Lutero defendió con tranquilidad sus posiciones, aliándose con el apóstol Pablo y Agustín, el gran doctor de la antigüedad.

A la reunión llegó un representante de la orden dominicana en nombre de Martín Bucer. Este se sintió muy impactado por lo que Lutero tenía que decir (luego, uniéndose a Lutero, se mostraría hábil en las lides protestantes, en la ciudad de Estrasburgo). Escribió acerca de la reunión: "Lutero posee una gracia muy especial para responder a las preguntas que se le hacen, y también una inalterable paciencia para escuchar. En su argumentación muestra la agilidad del apóstol Pablo y, como ya dijo Erasmo, habla con libertad y sin pretensiones".

En todo este encuentro de Heidelberg, el historiador busca en vano algo que indique que Lutero se apartó de la fe, algo que lo muestre enemigo de la iglesia, alguna palabra que indique su oposición a los oficiales de ella o algo que lo designe como hereje. Al contrario, se le ve defendiendo a uno de los más respetados cristianos de todos los siglos, Agustín de Hipona. Se le reconoce por su profunda sabiduría teológica y como lumbrera de la iglesia. Es claro que el conflicto contra Lutero nace en el Vaticano (tal como denuncia Lucien Febvre, al indicar que de allí emanaba "¡política en primer lugar!"). De ninguna manera salta el conflicto con el letrado y sincero cristiano que buscaba agradar a Dios y ser fiel a su verdad.

Es más, en esta reunión se demuestra el carácter sensible y honesto del reformador. Reconoce que entre los asistentes a la reunión estaban los que no aceptaban sus conclusiones en cuanto a la venta de indulgencias. Aunque más tarde la orden de los agustinos acabó dándole un voto de confianza, él renunció a su puesto como vicario del distrito. No quiso que por él se generaran conflictos dentro de la orden agustiniana..

Lutero regresó a Wittenberg, a sus estudios, a sus clases y a su amada Iglesia Santa María, la cual cada domingo se llenaba más y más de curiosos visitantes de toda Europa que querían conocer a este valiente y consagrado siervo de Jesucristo. Mientras tanto el Papa se enfurecía más porque Gabriel de la Volta no podía callar ni reprender a este agustino de Erfurt.

Lutero se defiende en Augsburgo

Airado por los informes que le llegaron del encuentro de los agustinos en Heidelberg y furioso por la disminución en las ventas de indulgencias en Alemania, el Papa León X organizó con carácter urgente una comisión eclesiástica en Roma para enjuiciar de una vez por todas al que ahora consideraba heresiarca. Por mediación del cardenal Cayetano,[1] citó a Lutero en persona en un plazo de sesenta días (el 7 de octubre de 1518).

Esta temible cita despertó alarma general entre los amigos de Lutero en Alemania. Creían que si este obedecía e iba a Roma, lo único que recogerían de él serían sus restos óseos quemados. Unos cuantos intercedieron ante el Papa en su favor, testificando de la excelencia de su carácter. Nada valió. La cita quedaba en pie.

El día 22 del mismo mes de agosto —dieciséis días después de ser enviada la cita— el Papa declaró hereje a Lutero. Al recibir la noticia, este exclamó: "¿Es esta manera y costumbre de la corte romana, que en el mismo día cita, amonesta, acusa, juzga, condena y declara culpable

1. Aunque llamado Cayetano, el nombre de este cardenal italiano era Tomás De Vio. Era general de la orden de los dominicos y fue asignado como el nuncio (representante diplomático del Papa) ante quien Lutero tenía que comparecer.

a un hombre que se encuentra lejos de Roma y que no sabe nada de lo que se trata?”

El Papa escribió al príncipe elector, Federico el Sabio, instándole a capturar a Lutero y entregarlo a Cayetano, quién a su vez lo enviaría a Roma. Al recibir la carta, Federico se encontró entre la espada y la pared. Temía las consecuencias de desobedecer al Papa, pero a la vez se sentía protector de los derechos de todos los alemanes. Él mismo había nombrado a Lutero profesor de la universidad que había establecido en Wittenberg. Además, Lutero era el profesor que más estudiantes atraía a la universidad.

Con tacto y sabiduría, Federico buscó un acuerdo con el respetable Tomás de Vio, mejor conocido como el cardenal Cayetano. En el interesante compromiso a que llegaron se acordó que, en lugar de llevar a Lutero a Roma, iría a Augsburgo (ciudad en suelo alemán) y allí sería enjuiciado por el poderoso cardenal. Temeroso de las intrigas del Papa, Federico buscó la promesa adicional de que Lutero sería tratado con “paternal benevolencia” y de que, “en caso de que se negara a retractarse, podría partir de Augsburgo sin ser apresado”. Al parecer el cardenal, pensando que podría con facilidad intimidar a Lutero y forzarlo a retractarse, hizo esas concesiones. Se fijó la fecha del 12 de octubre para el encuentro.

Lutero, mientras tanto, había utilizado muy bien los cinco meses de intervalo entre Heidelberg y Augsburgo. Desarrolló sus conceptos con más profundidad sobre la iglesia y la relación del hombre con Dios. Tratándose de la Biblia pudo llegar a fundamentar mejor sus posiciones sobre Cristo como la cabeza real y literal de la iglesia, junto con las limitaciones de los jerarcas eclesiásticos.

Por otra parte, el cardenal Cayetano tuvo tiempo para leer los escritos de Lutero. Se sorprendió al encontrar que este había llegado a la convicción de que un pecador puede estar convencido de que Dios en verdad le ha perdonado y que esta idea era central en sus creencias. Se dio cuenta de que si el populacho llegaba a creer tal cosa, significaría que se tendría que establecer otra iglesia, pues la católica dependía solo de la inseguridad del perdón para hacer de la iglesia el único medio por el cual el pecador podría llegar a Dios. Para ganar la contienda con el teólogo de Wittenberg se tendría que debatir el tema de la incertidumbre de la salvación, lo que Lutero llamaba "la salvación por la sola fe".

Antes de llegar el día para el encuentro en Augsburgo, el Papa envió un *breve o carta* a Cayetano, instruyéndolo para "emplazar a Lutero como público hereje" y que "si se negaba a retractarse, debía arrestarlo y traerlo a Roma".

Por cierto que Lutero tenía su corazón puesto en el cielo y la teología volando por las nubes, aunque su mente ágil estaba muy bien cimentada sobre la tierra. Puesto que Roma le había tildado de hereje, los caminos a Augsburgo no serían tan seguros. Lleno de temor viajó a Augsburgo, anticipando lo peor. Dijo: "Ahora he de morir. ¡Qué gran pena sufrirán mis padres!" No confiaba en el salvoconducto que le habían dado. Pensaba que entraba de manera voluntaria a una fosa llena de leones y que los dientes de ellos estarían bien afilados. Desconocía por completo lo que enfrentaría. Su confianza estaba puesta en el Dios al que servía.

Del 12 al 14 de octubre se enfrentó ante el poderoso nuncio, que siempre estaba rodeado de consejeros que murmuraban entre sí. En la primera entrevista cada participante se dedicó a estudiar el ambiente. Cayetano comenzó insistiendo en la retractación de dos proposiciones de Lutero, de acuerdo con las conclusiones resumidas de los escritos que había estudiado:

Afirma Lutero:

1. El pecador recibe perdón de Dios únicamente cuando confía en los méritos y sufrimientos de nuestro Señor Jesucristo a su favor. Como dice la Biblia:

    "*Somos justificados gratuitamente por su gracia por medio de la redención que es en Cristo Jesús, a quien Dios exhibió públicamente como propiciación por su sangre a través de la fe...*" (Romanos 3:24-25); "*En ningún otro hay salvación, porque no hay otro nombre bajo el cielo dado a los hombres en el cual podamos ser salvos*" (Hechos 4:12); "*Yo soy el camino, la verdad y la vida; nadie viene al Padre sino por mí*" (Juan 14:6); y "*Todo aquel que invoque el nombre del Señor será salvo*" (Hechos 2:21).

2. Los sacramentos tienen valor solo cuando el penitente confía en la gracia que Jesucristo ofrece a través de ellos.

   Por esta doctrina Lutero se declaraba en contra de los maestros escolásticos, en especial de Duns Escoto (1265-1308) y Gabriel Biel (1418-1495) cuyas enseñanzas habían sido adoptadas por la iglesia. Ellos llegaron a la conclusión de que los sacramentos representaban el vivo poder de la gracia de Jesucristo, por tanto no era necesario que el sujeto receptor los recibiera con fe. Los sacramentos en sí eran suficientes. Lutero decía que sin la fe no era posible que un pecador recibiera las virtudes de la gracia de Dios.

¿Quién tenía poder para dispensar los beneficios divinos a la humanidad? ¿Descansaba en el Papa? ¿En la iglesia? ¿O en el mismo Señor Jesucristo? La clara conclusión a la que llegó Lutero era que el poder de perdonar solo residía en Dios y que el pecador se valía de ello solo por medio de la fe. Si esto era cierto, entonces el Papa no tenía derecho a dispensar a los hombres los beneficios —llamados "tesoros de los méritos de Jesucristo"— que la iglesia decía fueron acumulados por Jesucristo, la Virgen y los santos.

El nuncio, citando la constitución Papal, afirmaba que estos "méritos de Cristo" eran un tesoro que Dios había puesto en manos del Papa para distribuir a través de la iglesia y a su gusto. Lutero, por su parte, argumentaba que tales méritos solo los retenía Jesucristo y que nunca los entregó al Papa para disponer de ellos a su antojo. "¿Cómo es posible que nosotros los hombres pensemos que podemos tomar las virtudes, la gracia y los méritos del Señor Jesucristo y en su nombre manipularlos o dispensarlos a nuestro gusto? ¡Solo Cristo, y nadie más, puede dispensar de lo que con tanto costo adquirió por su muerte en la cruz!"

Ningún hombre —sea Papa, cardenal, obispo, sacerdote, predicador, hombre o mujer— puede usurpar al Soberano y a su antojo hacer lo que le parezca con lo divino. Ningún hombre tiene derecho a cobrar y comerciar con lo que le pertenece a Dios. Como dijo Jesús: *Mi casa será llamada casa de oración, pero vosotros la estáis haciendo casa de ladrones* (Mateo 21:13). Solo Cristo tiene autoridad para tomar de lo suyo y aplicarlo al pecador necesitado. Por tanto, solo por la fe en Cristo tiene el pecador esperanza de salvación. Solo por los méritos de Cristo puede el pecador acercarse a Dios y pedir de él misericordia y ayuda.

El cardenal protestaba furiosamente. A él no le interesaban las citas bíblicas que brotaban de la boca de Lutero. Cayetano invocaba solamente la constitución de Clemente VI, y la bula *Unigenitus* (El Unigénito, del año 1343): "Ahí con claridad aparece la declaración del Papa, afrimando que los méritos de Cristo son el tesoro de las indulgencias recibidas por el Papa para distribuir a su gusto. ¿Qué más quieres?"

"Quiero que me lo enseñes en la Biblia", respondió Lutero. Cayetano no pudo.

Eran tan fuertes los argumentos, tan acertadas las citas bíblicas, que el nuncio decidió defenderse de otra manera: no dejando hablar a Lutero. Cada vez que este levantaba la voz, Cayetano interrumpía como un verdadero filibustero, repitiendo una y otra vez: "Retráctate, retráctate, retráctate, ..." Pero él rehusaba retractarse, más bien insistía que sobre la base de lo que la Biblia enseña en cuanto al perdón de los pecados, y que el Papa "no tenía ese poder imaginado para disponer a su gusto de los méritos del Salvador ".

Como Cayetano no lo dejaba hablar, el tercer día Lutero llegó con su defensa escrita. El cardenal recibió el escrito con frialdad y empezó de nuevo a hablar sin parar. Poco después, Lutero lo interrumpió, diciendo: "Si pudiera el nuncio probar por la constitución papal que el tesoro de las indulgencias es el mérito mismo de Jesucristo, yo me retractaría".

El cardenal, lleno de optimismo, tomó la copia de la constitución y comenzó a leer: "El Señor Jesucristo adquirió este tesoro con sus padecimientos..."

Lutero lo interrumpió: "Digno padre, haga el favor de meditar y ponderar con todo cuidado estas palabras: "Jesucristo *adquirió*"; Cristo *adquirió* un tesoro por sus méritos. Está claro por lo que dice la misma constitución que el *tesoro* adquirido, y los *méritos* por los que los adquiere son dos afirmaciones distintas. Por tanto, lo que la mano del Papa reparte [al ofrecer las indulgencias] no son los méritos [de gracia y de perdón]. Estos tesoros le pertenecen solo a Jesucristo [quien los adquirió por su muerte en la cruz].[2]

El cardenal miró en silencio el pasaje fatal. No había duda alguna de que la constitución papal en realidad respaldaba la conclusión de Lutero. Había caído en la trampa que él mismo le había tendido. Enseguida quiso hablar de otras cosas, pero Lutero no permitió que escapara.

"Muy reverendo padre" —dijo—. "Vuestra eminencia no puede imaginar que nosotros los alemanes ignoremos la gramática. *Ser* un tesoro y *adquirir* un tesoro, son dos afirmaciones muy diferentes".

Con ira, Cayetano le dijo: "Retráctate o no vuelvas más". Lutero inclinó la cabeza y salió del salón.

"Así despidió con orgullo a su humilde adversario el representante del sistema romano, cubierto con el esplendor de la púrpura romana. Pero Lutero sabía que hay un poder, la verdad, que nunca podrá ser subyugada por ninguna autoridad temporal o espiritual. De los dos combatientes, el que se retiró quedó dueño del campo de batalla".

Así lo comenta el historiador alemán, Federico Fliedner.

La defensa de Lutero en Leipzig

Después del encuentro con el cardenal Cayetano, Lutero sabía que las críticas que él había levantado en cuanto al poder del Papa —junto con las limitaciones del poder de la iglesia— con seguridad acabarían en su excomunión. Así que hizo preparativos para emigrar a Francia. Como podemos ver, el debate aunque había comenzado con el tema de las indulgencias, ahora en forma gradual se agrandaba para incluir temas como la autoridad papal, el papel que juega la iglesia en la tierra y el lugar que deben ocupar las Sagradas Escrituras.

Solo se trataba de cuestionar la legitimidad de la venta de indulgencias y la real autoridad del Papa, lo que movía a Lutero a mencionar las maquinaciones y manipulaciones de la iglesia madre. Su arma solo era la Biblia y la verdadera fe cristiana. ¿Cuál era el

2. He puesto las palabras clave en bastardillas, y unas explicaciones entre corchetes para que se entienda a qué se refiere Lutero con esos términos.

resultado?: (1) Lutero impidió la explotación de los alemanes por parte de los italianos; (2) Cada vez más iglesias y teólogos alemanes regresaban a las verdades originales enseñadas por Jesucristo y los apóstoles, en lugar de seguir a Roma.

El Papa, furibundo porque por segunda vez se había escapado Lutero, insistía con el elector Federico el Sabio que lo entregara a Cayetano. Nos indica Lucien Febvre que Federico, considerándolo "buen cristiano e incapaz de hacer daño", buscaba maneras y excusas para protegerlo. Federico no era el único. En Wittenberg con frecuencia se reunían profesores, teólogos, gente de la calle y hasta príncipes para dialogar con Lutero. En esas discusiones nadie huía de él, como de un execrado hereje. La misma Universidad de Wittenberg, donde todos los días Lutero daba clases de Biblia y teología, nunca buscó expulsarlo a cuenta de sus conceptos e ideas. En realidad, más estudiantes que nunca se inscribían para recibir sus clases.

"Staupitz, su maestro, consejero paternal y bueno, no rompió con él ni reprobó sus acciones", dice el historiador Febvre. Y sigue preguntándose: "¿Eran todos herejes? ¿Todos partidarios, sostenedores de un hereje y seducidos por un criminal temible? No. Erasmo tenía razón por primera vez. Si Roma perseguía a Lutero con tanta pasión y vehemencia, es porque había tocado "la corona del Papa y el vientre de los monjes". Además, los escritos que con frecuencia salían de la pluma del reformador ganaban no solo admiradores, sino también partidarios.

Hubo entonces un intento por parte de León X por conciliar la situación con Alemania que, al ser provocada por los escritos de Lutero, cada día se obstinaba más contra las directrices del Papa. Tenía en el Vaticano a un anglosajón a quien recurría para gestiones especiales. Su nombre era Karl von Miltitz. En esta ocasión se le dio una doble misión: ganar las simpatías del príncipe Federico (para lo cual le entregaría la codiciada Rosa de Oro), y además procurar llevar a Lutero, "ese hijo de Satanás", preso a Roma.

Al llegar Miltitz a Alemania, le sorprendió encontrar cuánta hostilidad había hacia Roma. Los alemanes favorecían a Lutero, no a Roma. Se dio cuenta de que los sentimientos en contra del Papa eran tan fuertes que resolvió encubrir su misión. En forma clandestina pudo lograr entrevistarse con Lutero (el 3 de enero de 1519). Lo que encontró, para su sorpresa, no era al diablo que pintaban en el Vaticano, sino a un hombre capaz, inteligente, abierto a la razón y una persona que no tenía temor.

Convencido de que no podría llevárselo preso (a causa de los sentimientos del pueblo), Miltitz se contentó con algunas promesas del reformador, a saber, escribir una carta a León X para pedirle disculpas por los ataques en contra de su santa persona; prometer respaldar el concepto de indulgencias, con tal que estas fuesen enseñadas con bases bíblicas; y respetar a la santa sede. Por su parte, Lutero pidió el cese de los ataques del Vaticano contra su persona. Pero todo ese esfuerzo no llegó a nada. Cuando Miltitz dio su informe en Roma, nadie allí estaba dispuesto a abandonar la persecución contra el que consideraban heresiarca.

Sin embargo, en octubre de 1520, Lutero cumplió con su promesa de escribir al Papa. No quiso enviarle una misiva sencilla. Escribió un fascinante folleto, *La libertad del hombre cristiano,* que dedicó al Papa (hemos incluido una traducción de este en el apéndice). En este folleto describe la gran paradoja del cristianismo (mostrando otra vez su interpretación de lo que es ser un creyente que cree en las enseñanzas del Nuevo Testamento, vea 1 Corintios 9:19). Allí decía Lutero:

> E*l hombre cristiano es el más libre señor de todos,*
> *sujeto a nadie;*
> *El hombre cristiano es el más obediente siervo de todos,*
> *sujeto a todos.*

Lutero destaca en este tratado su doctrina básica: que solo por la fe —nunca por medio de las buenas obras— puede el hombre ser salvo y escapar del infierno. En realidad, son las buenas obras las que perjudican, ya que se cree que por ellas uno se hace aceptable ante Dios y por tanto no se deposita la confianza solo en Cristo. Por esto las buenas obras llegan a ser una maldición, puesto que solo sirven para apartarnos del único que puede salvar. Solo la fe puesta en Jesucristo salva y transforma.

El resultado de esa fe en Jesucristo es lo que cambia al pecador desde adentro —en su interior— haciéndolo bueno. En consecuencia brotan las buenas obras: "El árbol [es decir, el individuo] es el que produce la fruta; no la fruta [las buenas obras] la que produce al árbol". Es este hombre —el que cree firmemente en Jesucristo— el que disfruta de la más profunda libertad de todas. Es liberado de su propia naturaleza carnal, es liberado de las fuerzas malignas, es liberado de la condenación y de la ley que antes lo condenaba. Por lo tanto, el hombre cuya virtud fluye a consecuencia de su fe no necesita mandamientos para portarse con corrección. La buena conducta sale de él en forma espontánea. Este es el hombre que se da cuenta de que es libre, aunque a la vez siervo. Ahora no puede sentirse feliz a menos que esté haciendo todo lo posible por ayudar a otros.

Con ese folleto (podrá leerlo en su totalidad en el Apéndice 3) envió una carta al Papa, parte de la cual citamos a continuación:

> De su persona, muy excelente León, he escuchado solo lo que es honorable y bueno... pero de la sede romana, como usted y todos los hombres reconocen, se oyen solo escándalos, y estos tan vergonzosos que sobrepasan a todas las maldades de Sodoma y Gomorra. En cuanto a lo que he podido ver, esa iniquidad es caracterizada por una depravación e infamia tal que ya no tiene cura; llegando a ser abismal en forma desesperada. Por lo tanto, es a esa sede maligna a la que yo desprecio. Mi corazón se ha entristecido al ver que bajo la custodia suya y de la Iglesia Romana, los pobres en la tierra son estafados y perjudicados. En contra de todo ello me opongo y seguiré oponiéndome mientras tenga vida...
>
> No preste atención, estimado León, a aquellas sirenas que lo elevan como si fuera usted un semidios en lugar de un mero hombre... Usted es un siervo de los siervos y por encima de todos los hombres tiene un puesto en sumo grado peligroso y delicado. No deje que lo engañen los que pretenden que usted es el señor del mundo... que le dicen que es el señor del cielo, del infierno y del purgatorio... Se equivocan los que lo exaltan

> por encima de un Concilio o de la iglesia universal. Se equivocan los que le atribuyen los derechos de interpretar las Escrituras, pues encubriéndose bajo su nombre, ellos mismos son los que de manera malvada buscan perpetuar las iniquidades de la iglesia. Da lástima pensar que a través de ellos y de sus predecesores Satanás ha conseguido tanto allí en Roma. En adelante, preste atención a los que no lo exaltan; más bien, crea en los que le humillan...
>
> Le obsequio este pequeño escrito, dedicado a su persona, como un augurio de paz y de buenos deseos... Soy un hombre pobre y nada más puedo ofrecerle, a la vez reconozco que de mí usted no necesita nada más que estos pocos dones espirituales que yo le he podido brindar.

Poco tiempo después (julio del año 1519), Juan Eck, antiguo amigo de Lutero, se ofreció para enfrentar al reformador. Propuso un debate en la ciudad de Leipzig, en la universidad donde Lutero había estudiado. Se citaron allí para el 4 de julio. La idea era reunir a los interesados en un aula de la universidad para discutir los asuntos propuestos por el reformador. Tantos quisieron participar (nobles, caballeros, abades, condes, profesores y seminaristas) que el Duque Jorge les cedió el auditorio de su castillo sirviendo él mismo de anfitrión.

Alguien que presenció el suceso describió así a los tres principales contrincantes:

> Martín es de altura mediana y, a consecuencia de tantos estudios, se ve muy demacrado; los huesos parecen querer saltarle de la piel. Es un hombre vigoroso y posee una voz clara y penetrante. Es obviamente un erudito y tiene los textos bíblicos siempre a mano. Conoce griego y hebreo lo suficiente para juzgar la correcta interpretación de los textos citados. Tiene riqueza de vocabulario e ideas a su disposición. Es afable y amigable, ni terco ni arrogante. A su vez, se le ve preparado para enfrentar cualquier situación. Entre los presentes se ve animado, jocoso y siempre alegre, no importa los ataques que

> le lancen sus adversarios. Sin embargo, se le puede criticar la tendencia a ser demasiado insolente y cáustico en sus reproches, más de lo que es sabio para un innovador religioso y teólogo.
>
> De Carlostadio se puede decir casi lo mismo, aunque en menor grado. Es más pequeño que Lutero, con la tez oscura. Su voz es recia y desagradable. Es más lerdo de memoria [que Lutero], a la vez mucho más pronto para enojarse.
>
> Eck es un hombre grueso, casi cuadrado, con una voz alemana fuerte y favorecida por un pecho enorme. Serviría muy bien como actor trágico o pregonero callejero, con esa voz fuerte y ronca que posee. A veces es difícil entenderlo. Sus ojos, boca y cara le hacen parecerse más a un carnicero que a un teólogo.

Estuvieron reunidos allí 18 días discutiendo temas propuestos por Lutero en sus escritos: *Las noventa y cinco tesis*; *Las Resoluciones*; *La Respuesta a Prierias*; *Sermón sobre las Penitencias*; *Sermón sobre la Eucaristía* y *La libertad del cristiano*. Además, trataron los temas que surgieron de los encuentros públicos del reformador. Por ejemplo, dedicaron una semana entera a discutir acerca de la corrupción del hombre y del libre albedrío, puntos que fueron centrales en la Reunión Trienal de la orden Agustiniana. La segunda semana trataron la historia y las bases para el papado (la supremacía del papado), tema que había surgido entre Lutero y Cayetano.

Eck sostuvo que el Papa es cabeza de la iglesia, citando el texto: *Tú eres Pedro, y sobre esta piedra edificaré mi iglesia*. A lo que Lutero dijo: "No. El Papa no es la cabeza de la iglesia, pues el mismo Pedro llama a Cristo "*la piedra angular y viva, sobre la cual estamos edificados para ser una casa espiritual*" (1 Pedro 2:4-5)". Y para fortalecer su argumento añadió otros textos (1 Corintios 3:11; Efesios 1:22;[3] 4:15; 5:23;

3. Efesios 1.22: "Y todo sometió bajo sus pies, y a Él (Jesucristo) lo dio por cabeza sobre todas las cosas a la iglesia". Efesios 4.15: "Creceremos hasta ser en todo como aquel que es la cabeza, es decir, Cristo". Efesios 5:23: "Porque el esposo es cabeza de su esposa, así como Cristo es cabeza de la iglesia, la cual es su cuerpo", etc.

Colosenses 1:18; 2:19) que afirman que Cristo es la única cabeza de la iglesia. Luego, refiriéndose a la historia, afirmó que el papado no había existido durante más de cuatro siglos y citó a Jerónimo (340-420), uno de los padres de la iglesia: "Todo obispo, sea de Roma, de Eugubium, de Alejandría, o de Túnez, tiene el mismo mérito y el mismo sacerdocio. El poder de las riquezas y la humillación de la pobreza es lo que coloca a los obispos en una esfera más alta o más baja".

Para contrarrestar estos fuertes argumentos, Eck recurrió a las declaraciones tradicionales que Roma usaba en defensa del papado: los escritos decretales de Isidoro de Sevilla (560-636).[4] Lutero, por su parte, negó la veracidad de esos escritos (hoy son en forma universal reconocidos como espurios) y mostró que durante los primeros siglos ninguno de los obispos fuera de Roma estaban sujetos a esta. Además, a los cristianos griegos, que nunca aceptaron la primacía de Roma, no se les tenía como réprobos. En otras palabras, lo de negar la supremacía del Papa ni era original, ni era considerado herejía. Finalizó la discusión cuando el Duque Jorge, disgustado, dijo: "Qué importa si el Papa ha sido nombrado por orden divina o humana; sea como sea, sigue siendo Papa".

Sin embargo, fueron esas discusiones sobre los derechos papales, de manera principal la preferencia de defender al papado (y otras posturas de la Iglesia Romana) basadas en la tradición más que en la Biblia, lo que sirvió para solidificar las opiniones de Lutero en cuanto a los desvíos de la iglesia. Esto era tan cierto, que fueron los debates de Leipzig los que marcaron un cambio radical en cuanto a su opinión del papado. Hasta ese momento lo que más le preocupaba era la farsa de las indulgencias para sacarle dinero al pueblo. Fue, por lo tanto, debido al seguimiento del rastro como se logró saber dónde, cuándo y cómo se originaron tales creencias —unas creencias de la iglesia a la

---

4. Isidoro presidió en el año 619 el II Concilio de Sevilla, y en el 633 el IV de Toledo, en que se unificó la disciplina litúrgica en España. Hombre de vastos conocimientos pero de poca originalidad, escribió muchas obras, habiendo aprovechado para ellas fuentes muy diversas, tanto de carácter eclesiástico como pagano. Precisamente es por esa mezcla por lo que hoy en día se desconfía de sus escritos.

que pertenecía como miembro— o sea, la manera como encontró un mundo entero de invenciones y falacias. Ese no era el evangelio puro y sencillo legado a la iglesia por Jesucristo y los apóstoles. Era algo diferente, distinto, cambiado. Así comienza Lutero a cuestionar todo: a los jerarcas, los dogmas, las prácticas. Su descubrimiento lo alarmaba.

En fin, como informa Roland Bainton en su historia, el acontecimiento de Leipzig duró 18 días. Pero, según él, pudo ser interminable; tanto habían disfrutado los teólogos en el debate, tan interesantes habían sido las proposiciones y tan fascinantes los conceptos. Dice este autor que los participantes hubieran querido seguir discutiendo durante meses. Pero el Duque Jorge pidió un alto ya que, después de tantos días, "todavía no había escuchado lo que le sucede a un alma rescatada del purgatorio, una vez liberada por la moneda que suena al caer en el cofre de las indulgencias; además, qué necesitaba el auditorio para darle la bienvenida a Margrave de Brandenburgo".[5]

Fue en el último día cuando Lutero confrontaría un gran desastre. En forma inesperada, Eck, en aquella mañana, se levantó con una grave acusación: "Veo que Lutero sigue la maldita y horrible línea de Juan Wyclif, quien también decía que no era necesario para la salvación creer que la Iglesia Romana está por encima de todas las otras. Además, veo que también es partidario de los terribles errores de Juan Hus, quien declaraba que Pedro ni fue, ni es cabeza de la Santa Iglesia Católica".

Lutero contestó: "Por favor, no me ligues a ellos. Nunca he sido partidario de los creadores de cismas. Aunque hayan dicho verdades junto con sus errores, nunca debieran haberse separado de la iglesia, porque el deber más alto de un cristiano es la unidad junto con la caridad".

Hagamos un breve alto para destacar un punto importante. Esa declaración de Lutero, en la que condena los cismas de Wyclif y Hus,

5. "Margrave" era un título militar alemán. En 1515, este líder se apoderó de la ciudad alemana de Brandenburgo. En años posteriores llegó a ser Emperador de Alemania.

confirma la actitud y lealtad que sentía hacia la iglesia. Nunca se creyó cismático; al contrario, se consideró defensor de la iglesia cristiana y apostólica. Su queja era que la iglesia romana se había apartado de las bases puestas en un principio por Jesucristo y los apóstoles. Como fiel sacerdote y teólogo de la iglesia, su deber era procurar devolverla a aquellas bases cristianas y bíblicas.

Siguiendo con la historia, cuando se propuso un receso para almorzar, el diligente Lutero aprovechó la oportunidad para ir a la biblioteca universitaria y repasar los archivos del Concilio de Constanza (el que condenó a Hus). Para su asombro, encontró dos declaraciones empleadas para condenar a Hus que no podían ser consideradas heréticas:

1. "La iglesia santa universal es aquella que está compuesta por la gran compañía de los predestinados".
2. "La iglesia universal es una sola, igual que el número de los elegidos es uno".

Lutero reconoció que la primera frase era una simple paráfrasis de Agustín, y que la segunda era la cita propia. Si al santo Agustín no se le condenó por declararlo, ¿cómo podía el Concilio de Constanza condenar a Hus por repetirlo?

Cuando, a las dos de la tarde se reunieron de nuevo, Lutero contó su hallazgo, y dijo: "Entre las declaraciones de Juan Hus, encuentro algunas que son muy evangélicas y que de ninguna manera pueden ser condenadas por la iglesia universal".

Al oír la mención de Hus, el Duque Jorge exclamó: "¡Esto sí que es una plaga!" A lo cual Eck añadió: "Esto es horrible. Es increíble que el reverendo padre Lutero, en contra del Concilio de Constanza y del consenso de todos los cristianos, no tenga el temor de afirmar que algunas de las declaraciones de Wyclif y de Hus son muy cristianas y evangélicas". Y, dirigiéndose a Lutero, dijo: "Si usted, reverendo padre, rechaza las determinaciones del Concilio de Constanza; si se atreve a declarar que un concilio legítimamente convocado por la iglesia se equivocó y cometió error, entonces usted para mí es un gentil y un publicano".

Cerrando sus libros y recogiendo sus papeles, Eck se declaró a sí mismo ganador y salió de la sala. Poco después estaba en camino a Roma para informar al Papa que había desenmascarado a otro husita. Viendo que el principal contrincante se había retirado, el Duque Jorge declaró concluidas las discusiones. Los concurrentes, uno por uno, regresaron a sus ciudades y a sus ocupaciones.

En cuanto a Lutero, Leipzig fue un fracaso. Por otra parte, nos explica Scott Hendrix, Leipzig fue una importante lección. Aprendió que el cristiano tiene que apegarse a las verdades de la Palabra de Dios, aunque sea en contra de un Papa, un Concilio, un alto personaje o cualquiera que fuere. Si no se obstaculizan las falsas proclamaciones religiosas, llegará el momento en que se oculten las verdades bíblicas, invalidando su autoridad y resultando en la explotación de la ingenuidad de los creyentes. Cuando eso sucede, la iglesia sufre. Por tanto, el cristiano tiene que dejarse oír, una actitud que más que un mero principio es una necesidad.

Dejar que la mentira se oiga en forma libre es asegurarle el triunfo a los enemigos de Dios, es permitir que el engaño aumente y que la fe sea destruida. Por este motivo el evangelio debe recobrar su relevancia perdida. El evangelio tiene que ser anunciado, si es que queremos ver a la iglesia llena de creyentes atendidos por pastores, en lugar de paganos servidos por tiranos.

Lutero y sus amigos regresaron a Wittenberg para esperar la próxima emboscada. En forma sorpresiva, nadie vino a acusarlo. Nadie llegó a prenderlo. Lutero gozó de casi dos años de tranquilidad, tiempo que aprovechó muy bien para escribir dos libros. El primero, como veremos en el capítulo que sigue, estremecería al mundo político, y el segundo asombraría al mundo religioso.

Capítulo 5

En soporte de la "fe" que escucha

Así que la fe viene como resultado de oír el mensaje, y el mensaje que se oye es la palabra de Cristo (Romanos 10:17).

Introducción

La historia está llena de sorpresas y de sucesos inesperados. A pesar de que el Vaticano estaba muy preocupado con el pendenciero Lutero y quería silenciarlo de una vez y para siempre, en forma providencial introdujo un obstáculo que detuvo sus planes por unos dos años: la muerte, el 12 de enero de 1519, del venerado Emperador Maximiliano. En ese momento la preocupación del Papa León X era encontrar un sucesor entre cuatro posibles candidatos: Carlos I de España, Francisco I de Francia, Enrique XIII de Inglaterra y el príncipe Federico de Alemania (su preferido). A pesar de todo el esfuerzo del pontífice, Carlos I fue escogido. Un historiador suizo, Merle D'Aubigné, observó: "Dios decidió colocar cara a cara al monje de Wittenberg con el monarca más poderoso del mundo desde los días de Carlomagno... y obligar a este altanero conquistador de Pavía... a doblegar su espada ante el hijo de un pobre minero alemán". Para que esto pudiera suceder, el reformador necesitaba tiempo, a fin de poner por escrito sus conceptos sobre la nación y su responsabilidad hacia Dios, y la manera en que el clero debía actuar ante el error. Fue durante este período de tranquilidad —de casi dos años— cuando Lutero escribió dos obras que llegarían a estremecer a la iglesia y al mundo político.

Lutero luchó de corazón para que la iglesia regresara a sus raíces, pero ni en el Papa ni en sus cardenales observó cambio alguno. Al principio de la lucha, cuando sus 95 tesis colgaban de la puerta de la iglesia en Wittenberg, opinaba que el Papa era un hombre bueno y santo —que por esa razón lo habían elegido—, y que sus consejeros eran los culpables de todo lo malo en el Vaticano. En forma gradual despertó a la realidad de que el Papa mismo era gran parte del problema; porque él, junto con los cardenales y obispos, dirigía una magna organización que utilizaba la religión para manipular y controlar con manipulación política al mundo entero. La Iglesia de Roma se había convertido en un imperio, tan real y dictatorial como el de los césares que lo precedieron. En lugar de buscar el bien espiritual de los hombres, el fin de sus dirigentes —a pesar de sus vestimentas clericales—, era dominar al mundo entero y enriquecerse.

Poco a poco llegó a la conclusión de que Roma no iba a arrepentirse de su avaricia, ni de su violencia, ni de su hipocresía, ni de su inmoralidad, ni de su explotación, ni mucho menos de sus desvíos espirituales. A pesar de esta conclusión, hizo un esfuerzo final para tratar de convencer al Papa León X de las verdades del evangelio. Le escribió un breve libro: *La libertad del hombre cristiano*. Puesto que es corto, lo he traducido al español y forma parte de los apéndices de este libro. El tema tratado es la justificación solo por la fe. Es un escrito bello y muy edificante. Al mismo tiempo, se podrá ver allí un ejemplo del estilo y de la vitalidad de la pluma de Lutero.

A pesar de estas buenas intenciones, reconoció que el Papa no iba a cambiar, no importaba lo que él —o cualquier otro— dijera o hiciera. Por tanto, si el pontífice y la Iglesia Romana no estaban dispuestos a responder a las apelaciones de la Santa Palabra de Dios, si no se arrepentían de sus abominaciones, no había otra alternativa que denunciar con claridad las desmesuradas manipulaciones espirituales y políticas tanto del Papa como de la iglesia. En nombre del Dios al que amaba y servía de todo corazón, se propuso exponer ante el mundo las imperdonables desviaciones de la que antes había sido la Santa Iglesia Universal de Jesucristo.

Las armas que tenía para hacerlo eran sencillas: la Biblia, el púlpito y la pluma. Con sabiduría escogió esta última como primer instrumento de ataque. Confiaba que las imprentas —que hasta ese momento habían esperado con ansias todo lo que escribía— se interesaran en ofrecerle al público lo que ahora se proponía escribir. El primero de los libros lo dirigió a toda la nación alemana: *Una carta abierta a la nobleza cristiana de la nación alemana concerniente a la reforma de este estado cristiano.*[1] El título era largo pero, como veremos, su mensaje era directo, agudo y muy convincente. Lo escribió en alemán para asegurarse que todos pudieran leerlo y entenderlo. Es obvio que Lutero sentía gran dolor por la aflicción sufrida por su pueblo debido a las acciones de la iglesia; dolor que llegó a convertirse en furia ante la tiranía y avaricia de los papas, cardenales y obispos de Roma.

Comienza de manera intrigante: muestra que Roma había construido tres murallas protectoras, que no eran más que puras mentiras: (1) Roma establecía una clara distinción entre el clero y el laicado; (2) Roma pretendía que solo el Papa tenía derecho de determinar cuál era la interpretación correcta de las Sagradas Escrituras; y (3) Roma afirmaba que solo el Papa tenía autoridad para convocar los concilios eclesiásticos.[2] Pero ¿quiénes eran estos papas? ¿Cuál era la condición espiritual de ellos? ¿Qué compromiso tenían con el evangelio y Jesucristo?

En la primera parte de su escrito, Lutero presenta ejemplos del grado de corrupción al que había llegado el oficio del sumo pontífice. Para ello cita una de las leyes canónicas: "Si un Papa se comportara de manera tan escandalosa y vil que pudiera llevar a las multitudes al diablo, aun así no se le puede destituir."[3] Y comenta en forma correcta:

---

1. También traducido como: *Manifiesto a la nobleza cristiana de la nación alemana.*
2. Es interesante observar que para poder sentirse protegido bien, al Vaticano le faltó la cuarta muralla: la muralla de la verdad; esta le hubiera protegido las espaldas. Pero nunca la quiso edificar, como se demostró con claridad durante los últimos años ante los notorios casos de pedofilia, tanto en Estados Unidos como en Sudamérica. Roma siempre ha preferido disimular antes que enfrentar la verdad. Por su falta de verdad, Lutero pudo atacarla tan eficazmente.
3. Esta declaración se encuentra en el Decretum de Gratian, Dist XL, c. 6. Si Papa. Es interesante notar que fue este decreto el que citó Prierias al criticar las 95 tesis de Lutero, diciendo: "Un Pontifex indubitatus (es decir, un Papa que no es acusado

"Sobre tal fundamento diabólico Roma ha sido edificada". Lo que más entristecía a Lutero era que, aun cuando se portaban en forma indigna —incluidas sus abominables inmoralidades—, esos llamados herederos del trono de Pedro, lo hacían todo en el nombre de Jesucristo. ¡Qué fácil es, tras un velo de falsa espiritualidad, engañar a los feligreses que buscan con sinceridad el camino a Dios!

En su libro, Lutero muestra las distintas maneras como Roma utilizó estos tres muros para establecerse como máxima autoridad política y espiritual sobre los alemanes, a la vez que con su poder eclesiástico y político liquidaba toda oposición. Muestra la manera en que siglo tras siglo la iglesia fue conquistando a Alemania, una conquista tan eficaz como si se hubiera hecho con un ejército militar. Enseña cómo, bajo el disfraz de piedad y santidad, poco a poco llegó a dominar el país por completo, tanto de manera política como religiosa. Los alemanes —un pueblo sano, crédulo y temeroso de Dios— aceptaron a Roma de buena fe, pero la iglesia se aprovechó de ellos de mala fe. Se apoderó de sus tierras, se posesionó de su gobierno y se adueñó de sus tesoros.

"¿Por qué debe pagar un tributo perpetuo la iglesia alemana a un poder extranjero?", preguntó Lutero a los príncipes. Deben quitarse de encima ese yugo político, deben establecer su propia iglesia, deben nombrar a sus propios obispos y sacerdotes. Deben abolir las órdenes mendicantes, ya que lo que estos hacen es robarles. Deben permitir a los sacerdotes casarse, después de todo, se casaban hasta el año 1079, cuando Bonifacio impuso el celibato. Deben acabar con las peregrinaciones, las misas por los muertos, los días santos —nada de lo cual aparece en la Biblia— y conformarse con adorar a Dios solo los domingos.

Además, deben anular las leyes canónicas especiales para establecer una sola ley igual tanto para laicos como para clérigos. Y sobre todo, deben echar de sus tierras a los legados papales que, con sus pretendidos poderes papales, vendían las tierras, legalizaban los sobornos, disolvían

de herejía o cisma) no puede ser depuesto con legalidad ni juzgado, así sea por un Concilio y ni siquiera por el mundo entero, aunque su forma de vivir sea tan escandalosa que lleve consigo a multitudes al mismo infierno". Al recibir el informe de Prierias, Lutero exclamó: "Asómbrese oh cielos, tiemble oh tierra. He aquí, cristianos, lo que Roma es en verdad" (Weidmar, ed., VI:336).

juramentos y contratos, afirmando que el Papa les había dado el poder para hacerlo. Era el momento adecuado para que los príncipes alemanes tomaran el poder del país en sus manos y dieran al pueblo la verdadera libertad que Cristo vino a darle al hombre.

Entonces, para que vieran cómo habían sido engañados, Lutero —apelando solo a la Biblia y a la sana razón— comenzó a desmantelar uno por uno los tres muros tras los cuales se escondía Roma:

El muro de la diferenciación entre clero y laicado

Lutero enseñaba, con bases bíblicas, que Dios no hace diferencia entre un clérigo y un laico. Toda persona que cree en Cristo es un sacerdote ante Dios (1 Pedro 2:9; Apocalipsis 5:10). Así lo afirmó:

> Es puro invento que el Papa, los obispos, sacerdotes o monjes deban ser reconocidos como "estado espiritual", y los príncipes, nobles, artesanos y campesinos como el "estado temporal"; todo eso es pura ficción, mentiras e hipocresía. Nadie debe asustarse por ello; por esa razón: Todos los cristianos pertenecen al "estado espiritual", no habiendo diferencia alguna, excepto en lo relativo a cargos particulares, como dice Pablo en 1 Corintios 12:12, que todos *somos un cuerpo*, aunque cada miembro tiene su propio trabajo, a través del cual se sirven unos a otros. Todos somos iguales, tenemos un solo bautismo, un solo evangelio, una sola fe, la que nos hace cristianos. Por medio del evangelio, por medio de la fe y porque somos bautizados, todos llegamos a ser "espirituales" y un pueblo cristiano [sin distinciones].

En Cristo no hay diferenciación entre un sacerdote y un laico, entre el Papa y un plomero, entre un cardenal y un carpintero, entre un obispo y un oculista, entre un hombre y una mujer. Ante Dios no hay diferencias; ante Él no hay grupos preferidos. Todos somos pecadores indignos. "La ordenación", como señala Lucien Febvre en su comentario sobre este pasaje del libro, "no es un sacramento que confiera a los sacerdotes un carácter indeleble, sino simplemente una designación de empleo, revocable a voluntad por el poder civil".

Todo creyente —sea Papa, cardenal, obispo, sacerdote, carpintero, albañil, campesino, príncipe, noble, siervo o ama de casa— es pecador, teniendo cada uno, en forma individual, que acercarse a la gracia divina para ser salvos y aceptados como "hijos de Dios". Una vez que han sido aceptados como "hijos", cada uno —no importa su rango aquí en la tierra— tiene los mismos derechos y privilegios. Por supuesto, admite que hay diferencias de puestos y rangos, pero estos son para el buen control de la sociedad, no para que alguien se enseñoree sobre otro; nunca para que uno se crea superior a otro.

Por tanto, nadie tiene derecho a imponerse sobre otro; solo es ante Dios como nos sometemos. Es más, el deber real de los príncipes alemanes sería someterse a Dios, no a los jerarcas de la iglesia. Si era cuestión de "sumisión", la Biblia enseña con claridad que todo hombre, incluso el clero y hasta el Papa, tiene el deber de someterse y obedecer a las autoridades civiles (Romanos 13:1-5: *Sométase toda persona a las autoridades que gobiernan; porque no hay autoridad sino de Dios, y las que existen, por Dios son constituidas. Por consiguiente, el que resiste a la autoridad, a lo ordenado por Dios se ha opuesto; y los que se han opuesto, sobre sí recibirán condenación. Porque los gobernantes no son motivo de temor para los de buena conducta, sino para el que hace el mal. ¿Deseas, pues, no temer a la autoridad? Haz lo bueno y tendrás elogios de ella, pues es para ti un ministro de Dios para bien. Pero si haces lo malo, teme; porque no en vano lleva la espada, pues ministro es de Dios, un vengador que castiga al que practica lo malo. Por tanto, es necesario someterse, no solo por razón del castigo, sino también por causa de la conciencia*).

Aunque la Biblia habla en forma clara de someterse a Dios y a Jesucristo, en ninguna parte menciona someterse a algún poder eclesiástico. En Efesios 5:21, el apóstol Pablo más bien nos instruye, como cristianos, a *someternos unos a otros en el temor de Cristo*. El hecho de que un Papa o un obispo realicen la santa unción, confieran tonsuras, ordenen, consagren y se cubran con vestimentas coloridas y especiales, es solo cuestión de su oficio, y no les hace más espirituales ni los eleva por encima de otros seres humanos. La idea de que el clero es una especie humana superior y más digna —y que por lo tanto tiene que ser obedecida— es un puro invento romano que no tiene respaldo alguno en la Biblia.

El muro de la interpretación de las escrituras

Lutero ataca la pretensión de que la interpretación de las Sagradas Escrituras es un derecho exclusivo del Papa. Ridiculiza la idea de que un sumo pontífice —que puede ser un hombre malo o bueno, ya que han existido de ambas clases— no pueda equivocarse en asuntos que tienen que ver con la fe. Muestra que si esto fuera verdad, ¿de dónde aparecieron todas esas leyes canónicas que se contradicen? ¿De dónde vinieron esas prácticas necias que contradicen la Biblia, llenas de errores y herejías? ¿No fueron los papas quienes las dictaron? Ahí está la prueba incontrovertible de que pueden errar y de que no poseen infalibilidad.

Lutero entonces pasa al concepto aceptado de que el Espíritu Santo siempre está con el Papa y que lo inspira —no importa lo inmoral e iletrado que sea—, al grado de que se asegura que de su boca solo sale la verdad. Entonces se pregunta: "Si tan cierta es la palabra del Papa, ¿para qué necesitaríamos la Biblia?" Y añade: "Me es difícil creer que el diablo haya inventado tales pretextos en Roma y que la iglesia haya encontrado personas tan incauta para creerlo".

Y sigue aclarando:

> San Pablo dice en 1 Corintios 14:30: *Pero si Dios le revela algún sentido de su Palabra a una persona que está sentada escuchando a otro interpretar la Biblia, este que estaba interpretando debe callar para escuchar lo que el otro dice.* ¿Qué propósito tendría este mandamiento si solo debiéramos escuchar a uno que habla, a aquel que tiene el puesto más importante? Además, Cristo nos dice en Juan 6:45 que *Dios instruirá a todos.* Es posible, pues, que el Papa y sus seguidores, siendo hombres pecadores y no verdaderos creyentes, no sean enseñados por Dios, ni tengan un entendimiento correcto. Por otra parte, una persona común podría tener verdadero entendimiento;

> ¿por qué no escucharle? ¿No es cierto que los papas se han equivocado muchas veces? ¿Quién ayuda al mundo cristiano cuando un Papa se equivoca? ¿No necesitaríamos a uno que tenga la verdadera interpretación en lugar del Papa? Por tanto, es una fábula eso que han inventado en Roma de que la interpretación o la confirmación de una interpretación de la Sagrada Biblia le pertenece únicamente al Papa.

Todo creyente es sacerdote ante Dios y como tal tiene el derecho de interpretar las Escrituras de acuerdo a la luz que obtenga. Dice la Biblia que... *el Espíritu de verdad, Él los guiará a toda verdad; porque no hablará por su propia cuenta, sino que dirá todo lo que oiga, y les hará saber las cosas que van a suceder. Él mostrará mi gloria, porque recibirá de lo que es mío y se lo dará a conocer a ustedes. Todo lo que el Padre tiene, es mío también; por eso dije que el Espíritu recibirá de lo que es mío y se lo dará a conocer a ustedes* (Juan 16:13-15). El derecho de leer las Escrituras y comprenderlas es de todos; no es un privilegio exclusivo ni del clero ni del Papa.

Puesto que cada creyente es sacerdote, tiene el derecho de probar y juzgar las interpretaciones de quién sean, sacerdote o Papa, para ver si cuadran con lo que dicen las Escrituras. ¿No es esta la instrucción de Pablo en 1 Corintios 2:15: *el que es espiritual juzga todas las cosas; pero él no es juzgado por nadie?* Se nos dice en 2 Corintios 4:13 que *teniendo el mismo espíritu de fe* todos como creyentes podemos escuchar y estudiar las interpretaciones que se dan acerca de la Palabra de Dios, para juzgar si son verdad o mentira. ¿Es que solo un Papa, de manera especial uno incrédulo, tiene esa autoridad?

Cualquier creyente tiene el "*espíritu de libertad*", como dice Pablo, para defenderse en contra de los inventos fabricados por los papas. Debemos denunciar con valentía, pues, toda interpretación errada y juzgar lo que todo hombre dice para establecer dónde está el error y dónde la verdad. Es deber de todo cristiano es entender la verdad bíblica y defenderla, así como denunciar el error. La idea de que solo el Papa tiene tal autoridad es puro invento de los que se han apoderado de la Iglesia Romana.

El muro de la convocatoria de concilios

"No tienen base en las Escrituras", afirma Lutero, "los que afirman que corresponde solo al Papa convocar o confirmar las acciones de un concilio. Esta idea la fundamentan solo en las leyes que ellos mismos establecieron para su propia conveniencia; de ninguna manera proviene de la Biblia. Por ejemplo, leemos en Hechos 15:6 que no fue el apóstol Pedro el que convocó al Concilio de Jerusalén, sino los apóstoles y los ancianos. Si tal derecho hubiera pertenecido solo a Pedro, el concilio no hubiera sido cristiano, sino una asamblea herética. También el Concilio de Nicea —el más famoso de todos— no fue reunido por convocatoria de un Papa, sino por el Emperador Constantino. Después de éste, otros emperadores también hicieron convocatorias y esos concilios fueron considerados muy cristianos. Si solo el Papa tuviera el derecho de convocar concilios, entonces todos los anteriores hubieran sido reuniones heréticas. Es más, si consideramos las decisiones tomadas en aquellos concilios que los papas convocaron, vemos que muy poco se realizó en ellos".

Lutero sigue mostrando que la máxima autoridad en cuanto a doctrina o práctica cristiana es la Palabra de Dios, y no la palabra de algún hombre, Papa o concilio (vea 2 Timoteo 3:16; 2 Pedro 1:21; Apocalipsis 14:13). En ninguna parte de la Biblia se encuentra que la autoridad para convocar un concilio sea de patronazgo papal. La única autoridad que Dios ha dado a la iglesia es la de la edificación. Como dice el apóstol Pablo: *El Señor nos dio la autoridad para edificación de la comunidad y no para destruirla* (2 Corintios 10:8).

Esta tercera muralla, afirma Lutero, cae por su propio peso. Porque cuando un Papa obra en contradicción con las Escrituras, es deber de todo cristiano rebelarse y, con la misma Palabra de Dios, retarlo y reprenderlo. ¿No es esto lo que nos dice Mateo 18:15? *Si tu hermano peca, ve y repréndelo a solas; si te escucha, has ganado a tu hermano. Pero si no te escucha, lleva contigo a uno o a dos más... Y si rehúsa escucharlos, dilo a la iglesia; y si también rehúsa escuchar a la iglesia, sea para ti como el gentil y el recaudador de impuestos.* Este es el deber de todos nosotros, deber que se aplica a las más altas autoridades así como también a los más insignificantes pecadores, pues, si el pecado no es reprendido, perjudica a muchos en la congregación cristiana.

Si un hombre se cree superior a los demás, si solo a él se le da autoridad para interpretar las Escrituras para así determinar lo que todos deben creer; si solo un hombre tiene el derecho de convocar un concilio para determinar lo que todo el mundo debe hacer, ¿qué tenemos? ¿No se le ha elevado a este por encima de toda la humanidad? Se le ha convertido en monarca; se le ha hecho un emperador o dictador; por no decir un dios. Lo que las Sagradas Escrituras declaran es que *Dios el Padre sometió todo bajo los pies de Jesucristo, y a Cristo lo dio por cabeza sobre todas las cosas a la iglesia* (Efesios 1:22). Lo que esta muralla muestra es que el Papa, dejándose llevar por sus avaricias y ambiciones ha usurpado poco a poco el lugar que solo le pertenece a Jesucristo.

Lutero escribe un libro para los clérigos

El segundo libro de Lutero fue escrito en latín para uso de sus hermanos colegas en todo el mundo. Lo tituló: *La cautividad babilónica de la iglesia.* Si el primero, que fue dirigido a la nobleza alemana, se pudiera comparar en su efecto al desplome de la estatua de Saddam Hussein en Bagdad, esta segunda obra puede ser comparada a la capitulación de la nación entera ante el bombardeo químico de los misiles teológicos teledirigidos por el hábil reformador. La estrategia del primer libro fue derribar las tres murallas sobre las cuales la Iglesia Romana levantó su imperialismo mundial. La del segundo fue destruir las siete armas usadas por esa misma iglesia para mantener a la humanidad subyugada.

¿Cómo establece su argumentación en este libro? Lutero describe las siete armas católicas, es decir, los siete sacramentos de la Iglesia Romana: el sacramento de la Eucaristía, el del bautismo, el de la penitencia, el sacramento de la confirmación, el del matrimonio, el de la ordenación y el sacramento de la extremaunción o unción de los enfermos.[4] Los sacramentos demuestran cómo Roma utiliza con

4. Estos siete sacramentos siguen intactos en la Iglesia Romana moderna; se pueden leer en el nuevo *Catecismo de la Iglesia Católica* con sus debidas definiciones y descripciones.

habilidad estas siete armas para controlar la vida de cada miembro de la iglesia, desde la cuna hasta la tumba. Además, dado que los sacerdotes son los que administran los sacramentos, la iglesia de manera efectiva coloca a cada feligrés bajo el control inmediato de un sacerdote. Esto en la práctica resulta un cautiverio tan real y miserable como el del pueblo judío bajo el yugo babilónico.

Uno por uno Lutero analiza cada sacramento, mostrando la manera en que Roma los utiliza. A su vez, declara que Jesucristo nos dio solo dos sacramentos: la Cena del Señor y el bautismo. Cinco de los llamados sacramentos no son bíblicos, sino puros inventos, ideados durante los cuatro siglos anteriores al tiempo de Lutero. Queda probado por la historia que Gregorio el Grande (590-604) y los obispos de las iglesias cristianas antes de él, no reconocían siete sacramentos, solo observaban la Cena del Señor y el bautismo. Muestra que fue Pedro Lombardo (1095-1160) el primero que oficialmente reconoció los siete sacramentos, y que fue este el que les dio orden e importancia (aparecen en el cuarto libro de las *Sentencias*).

Lutero, que en sus primeros años en la Universidad de Wittenberg fue profesor de las *Sentencias*, rechaza estos cinco sacramentos como inventos y los condena porque no forman parte de las instrucciones de Jesucristo, y porque no fueron practicados por la Iglesia Cristiana en los primeros siglos. En otras palabras, el reformador muestra cómo la Iglesia Católica Romana, que se jacta de no cambiar nunca y ser la misma a través de los siglos, ha cambiado sus doctrinas muchas veces y en forma por demás muy drástica.

Puesto que rechaza los sacramentos de la penitencia, la confirmación, el matrimonio, la ordenación y la extremaunción, Lutero los trata muy brevemente en su libro. Muestra que tienen que ser rechazados como sacramentos. Al tratar, por ejemplo, de la *penitencia*, no niega la conveniencia de que el pecador necesita ser penitente, solo muestra que Cristo no lo ordenó como sacramento, ni tampoco los apóstoles después de El. Tampoco niega que la Biblia trate acerca del *matrimonio*, sino que jamás se elevó el casamiento a escala de sacramento, ya que es práctica común entre los hombres, sean paganos o infieles. En cuanto a la *ordenación*, por supuesto hubo imposición de manos por Cristo y aun por los apóstoles, pero tras estos acontecimientos no hubo instrucción específica para la iglesia.

Respecto a la *confirmación*, la rechaza diciendo que "fue inventada para adornar el puesto de los obispos, de forma que no se quedaran sin trabajo en la iglesia". Y añade: "Para constituir un sacramento tiene que haber sobre todo una palabra de promesa, por medio de la cual la fe pueda ser ejercitada. En ninguna parte leemos que Jesucristo haya dado una promesa en relación con la confirmación. Aunque él impuso sus manos sobre muchos y se incluye la imposición de manos en Marcos [16:18], sin embargo nunca fue elevado a escala de sacramento". La *extremaunción* la rechazó Lutero porque en ninguna parte de la Biblia aparece tal concepto ni tal palabra. Tampoco fue parte de las doctrinas de la iglesia primitiva. Prueba de ello es que el texto sobre el cual procuran establecer este sacramento (Santiago 5:14-15) tiene un sentido contrario al que la Iglesia Romana le ha dado, refiriéndose a la oración por los enfermos vivos, para que sean curados, nunca a personas que han muerto.

Por tanto los dos sacramentos legítimos son el *bautismo* y la *Cena del Señor*. En cuanto al bautismo, Lutero muestra varios principios y prácticas que deben ser observadas —o evitadas— pero, por no haber gran controversia en cuanto a su práctica, no entra en gran detalle. Mas bien da gracias a Dios que este sacramento haya sido protegido de "las impías y monstruosas garras de la avaricia y la superstición". Y hace una observación interesante. Al referir a sus lectores a Romanos 6:4, dice: "Mi preferencia hubiera sido que la persona bautizada fuera sumergida en forma total bajo el agua, ya que esto ilustraría mejor el sentido del texto".

Los errores de la misa

Lutero ataca con fuerza el sacramento de la *Eucaristía*.[5] Ataca la manera en que los papas, cardenales y obispos lo distorsionaron en

5. Fue durante los tiempos de Gregorio (540-604) cuando la palabra *misa*, para designar la Santa Cena, comenzó a usarse. Viene de la fórmula de despedida (*Ite Missa est*) usada en aquellos días.

forma deplorable indicando que la Iglesia Romana le había robado por completo su verdadero significado bíblico. Mostró que por medio de la misa se habían introducido tres errores: (1) Negarles la copa a los laicos; (2) Distorsionar su hondo sentido espiritual al introducir el concepto de la transubstanciación; (3) Pretender que al celebrar la misa se repetía el sacrificio de la muerte de Jesucristo, cosa que llamaba un "terrible sacrilegio".

En primer lugar, prueba Lutero (con citas encontradas en los Evangelios de Mateo, Marcos, Lucas y las cartas de Pablo a los Corintios) la universalidad del sacramento. Era para todos, laicos y sacerdotes, que habían puesto su fe en Jesucristo. La instrucción de Cristo incluye a todos: *Bebed todos de ella* (Mateo 26:27); *Todos bebieron de ella* (Marcos 14:23). Además, negó la pretensión de que, puesto que los que participaron en esa primera cena fueron solo los apóstoles (es decir, el clero), eso significaba que solo los sacerdotes podían participar de la copa. Pablo, en su Carta a los Corintios claramente enseña que todos los miembros de la iglesia tomaban del vino y comían del pan diciendo: *Examínese cada uno a sí mismo, y entonces coma del pan y beba de la copa* (1 Corintios 11:28). Lutero, por su parte, observa:

> He llegado a la conclusión de que negarle participación [de la copa] a los laicos es un acto tiránico e injusto, y que la entrega ni está en manos de un ángel, ni mucho menos de un Papa, ni de un concilio, sea cual fuera... El sacramento no pertenece a los sacerdotes, sino a todos; ni son los sacerdotes señores, sino siervos, cuyo deber es entregar ambos elementos a los que los piden, cuantas veces lo soliciten.

Ofrece entonces una exposición bellísima sobre el significado de esta celebración, mostrando que la mesa no le pertenece a ningún hombre, sino solo a Jesucristo. Es una mesa a la que invita a todo aquel que acepta su divino sacrificio. Es la cena de Cristo para todos los que comprenden que solo por ese santo cuerpo inmolado, solo por esa preciosa sangre vertida, puede el pecador recibir perdón de sus pecados. Es una fiesta que lleva al que ha confiado en Jesucristo a recordar que no hay mérito humano, no hay obra humana, no hay ofrenda humana que le haya traído el perdón y la reconciliación con Dios. Solo por el sacrificio y los méritos de Jesucristo hay limpieza y vida eterna. Por tanto es una fiesta preparada por Cristo y bendecida por el Padre, a la cual se allegan pecadores inmerecedores con el fin de celebrar junto al Salvador la ofrenda de su vida a favor de ellos.

El invento de la misa, al contrario, es una revolución de la cena que instituyó Cristo. Por unos mil años se celebró más o menos como la había instituido Jesús y como había enseñado Pablo. Aun el gran Agustín (354-430) no aceptaba el concepto del cambio de sustancias en el pan y el vino. Él resaltaba los aspectos conmemorativos de la Cena del Señor. Fue en la Edad Media cuando esa celebración de acuerdo a Jesús, Pablo y Agustín sufrieron fuertes cambios.

Lutero escribe en detalle sobre las modificaciones hechas a este sacramento, explicando el origen y el sentido de la doctrina de la *transubstanciación*[6] (que afirma que el pan y el vino de manera milagrosa se transforman en la sustancia misma del cuerpo y la sangre de Cristo).[7] Pretende esa doctrina que al pronunciar las palabras de

---

6. Lutero se refiere a la doctrina y el concepto de la transubstanciación. La doctrina en su forma presente fue en primer lugar introducida por Paschasius Radbert, abad de Corbet, en el 831. Ratramnus se opuso a estos conceptos, pero poco a poco ganaron aceptación. Fue Hidelbert de Tours (1134) el primero en usar el término *transubstantiatio* (conversión de sustancia). En el año 1215 el cuarto Concilio de Letrán, bajo Inocencio III, estableció esta doctrina como dogma (A.A. Hoddge, *Outlines of Theology*, p. 637). Es interesante notar que en el *Nuevo catecismo de la Iglesia Católica* citan, como respaldo al concepto de la transubstanciación, a Crisóstomo y a Ambrosio, a pesar de que esas interpretaciones eran totalmente desconocidas y ajenas a las prácticas de la iglesia de aquellos días.
7. El concepto de "transubstanciación" se basa en las ideas metafísicas de "sustancias" y "accidentes" de Aristóteles: "Una proposición afirmativa requiere que el sujeto y el predicado estén de acuerdo". Aplicada a esta doctrina, se entiende que la sustancia del pan y del vino —lo que son en realidad— es cambiada para convertirse en el cuerpo y la sangre de Cristo. Los *accidentes*, lo que se ve y se palpa (el pan y el vino) se mantienen como son. Es decir, retienen su forma, textura y sabor, como lo mostraría cualquier análisis químico. Pero, para ajustar lo enseñado por Aristóteles a lo que a la iglesia le conviene enseñar, las *sustancias* del pan y del vino cambian en su *esencia*, ya que el cuerpo de Cristo está presente

consagración, el sacerdote —como por arte de magia— tiene en forma literal poder para convertir el pan en el cuerpo de Cristo.

Al aceptar y practicar estos conceptos, la Iglesia Romana establece que la Eucaristía encierra un verdadero acto de sacrificio, por el que Jesucristo es en realidad sacrificado de nuevo en cada misa a favor de los que participan en ella. En efecto, al entregar el pan se reparte a Jesús a cada persona que lo recibe. Proclaman que este sacrificio es propiciatorio, es decir, que satisface las demandas de Dios. Por tanto expía los pecados veniales de los celebrantes. De ahí nace la idea de que hay gran mérito, virtud, poder y eficacia a favor de cada participante.

De igual manera creen que al tomar el vino Cristo vuelve a derramar su sangre (como cuando lo hizo en la cruz). Esa sangre es tan sagrada que, para protegerla y evitar que se derrame una gota, solo el sacerdote que oficia puede beber del vino (la única excepción es el Jueves Santo cuando, el Papa como celebrante, comparte el cáliz con los cardenales). Para reconocer la importancia de la misa, es claro que tal celebración tiene que ser dirigida por un sacerdote. Solo un sacerdote ordenado y consagrado por la iglesia tiene poder para transformar el pan y el vino en el cuerpo y sangre de Cristo.

Entonces —y aquí viene lo revolucionario— la misa ya no es lo que era: una celebración clara, pura, sencilla del pueblo de Dios que se reúne para recordar lo que Cristo hizo en el Calvario. Ahora es un espectáculo, un vistoso acontecimiento acompañado de vestimentas especiales, ornamentos, salmodias, rezos, cantos, velas y mil rituales.

Lutero proclama lo que la Biblia dice acerca del sacrificio de Cristo: *No necesita, como aquellos sumos sacerdotes* [de antaño], *ofrecer*

---

en cada partícula. Por tanto, todos los que comen ese pan y beben de esa copa literalmente comen y beben de Cristo. Para los no acostumbrados a pensar en términos metafísicos, la *transubstanciación* nos parece absurda, poco menos que extraña. Sin embargo, basado en este concepto, Tomás de Aquino (1226-1274) asentó la distinción entre sustancia y accidente en la Eucaristía. Podemos escuchar a Lutero: "Afirman que cuando Cristo dice "Este es mi cuerpo", el sujeto no puede ser idéntico al pan, sino que tiene que ser idéntico al cuerpo de Cristo". Y añade: "¿Qué decir cuando Aristóteles y las doctrinas de los hombres llegan a ser los árbitros de estos sagrados asuntos divinos?" (Lutero, p. 289).

sacrificios diariamente, primero por sus propios pecados y después por los pecados del pueblo; porque esto lo hizo una vez para siempre, cuando se ofreció a sí mismo (Hebreos 7:27; vea también 9:26, 27). Por tanto Lutero denunció la misa como un terrible sacrilegio y su práctica cual abominable profanación del sacramento que Jesucristo entregó a su iglesia. Más aun, Cristo ofreció su mesa gratuita, el don de su bondadosa gracia. La Iglesia Romana la convirtió en una obra meritoria que se puede comprar y negociar (ya que cualquier sacerdote tiene poder para convertir el pan en cuerpo de Cristo).

Añade Lutero: "La fe propia correspondiente a este sacramento se ha perdido por completo, y este hermoso y santo sacramento se ha convertido en una mercancía, en un mercado y en un negocio. Así participaciones,[8] hermandades,[9] intercesiones,[10] aniversarios[11] y cosas parecidas, son compradas y vendidas, negociadas y comerciadas por la Iglesia Romana. De esas ventas dependen los sacerdotes y monjes para su subsistencia".

Conclusión

Solo podemos imaginarnos los efectos producidos en la población alemana por estos dos libros. Miles de ejemplares fueron impresos y traducidos a otros idiomas. En los palacios, castillos, monasterios, seminarios, iglesias y en miles de moradas fueron leídos. Nadie podía escapar a la fuerza de sus ataques ni a la lógica de sus argumentos. Todos sabían que Roma no era santa. Lo que hasta ese momento no se comprendía era la manera de llevar a cabo la reforma que todos reconocían como indispensable. Sin embargo, al fin, el reformador apareció. Lo que faltaba era ver la manera en que los vastos poderes terroríficos de la considerada invencible y poderosa iglesia responderían.

---

8. No era necesario que los que participaban estuvieran presentes, ya que al comprar este servicio "participaban" en las misas celebradas en un monasterio.
9. Era común que las confraternidades pagaran a los curas para celebrar misas en su beneficio, las cuales eran consideradas meritorias.
10. Misas celebradas diariamente por un año entero a favor del alma de algún difunto.
11. Misas celebradas en días asignados en memoria especial de algún difunto.

A personas pacíficas como Desiderius Erasmus [conocido también como Erasmo de Rótterdam, 1466-1536], les producía horror pensar en la temible condenación que caería sobre este audaz monje de Erfurt. Muchos otros, como Melanchton, creyentes en Lutero, estaban listos para enrolarse en la batalla que estaba por estallar. El mismo Lutero reconocía que había sonado la trompeta. Lo que faltaba era ver cómo caerían esas modernas murallas de Jericó.

Roma hizo un intento más para condenar de manera pública a Lutero como hereje. Pensaban que al fin tenían al intrépido monje atrapado; presumían que de la ciudad de Worms el vencido fraile iría a Roma para ser callado por siempre en las llamas de una hoguera. Pero, como veremos, en esa gran convocatoria final de la Dieta de Worms, en forma inesperada el fraile de Wittenberg ganaría la victoria y Europa sería liberada para siempre de las garras romanas.

Capítulo 6

En apoyo a la "fe" que salva

Ésta es la victoria que vence al mundo: nuestra fe (1 Juan 5:4).

Introducción

Lutero había superado con mucho las expectativas de los opositores de la iglesia. Tenía que ser silenciado. El 15 de junio de 1520, el Papa León emitió la bula *Exsurge Domine* en la que se condenaban cuarenta y una afirmaciones de Lutero, se ordenaba la quema pública de todos los libros en los que esas afirmaciones se hallaran y, por último, se le exhortaba a renunciar a sus errores y regresar al rebaño romano. Además, se le daban sesenta días para aparecerse en Roma con el fin de retractarse de sus herejías en forma pública; si se rehusaba, sería entonces excomulgado y apartado como miembro de la Iglesia Universal. En tal caso, todos los fieles debían evitarlo como peligroso hereje, suspender toda actividad religiosa en cualquier lugar donde él se encontrase y, los poderes seculares, debían desterrarlo de sus dominios o enviarlo preso a Roma para ser quemado en la hoguera.

Al parecer, Lutero, no tenía escape; Roma por fin triunfaría sobre este intrépido fraile de Erfurt. Pero no resultó así. A pesar de todos los planes del Papa y del Vaticano, no pudieron llevarlo preso a Roma. El relato de la incapacidad, por parte de la poderosa Iglesia Católica, para capturar y poner fin a la vida de Martín Lutero es uno de los hechos más intrigantes de la Edad Media. ¿Fue acaso el escape resultado de la astucia de un escurridizo alemán? Veamos lo que nos revela la historia.

La hoguera que le tocó encender a Lutero

Lutero estaba muy consciente de que sus últimos escritos provocarían la furia del Vaticano contra él. Y no estaba equivocado. Es notorio observar que después de su encuentro con el cardenal Cayetano lo invadió el temor, a tal punto que hizo planes para huir a Francia. Aunque tenía mucha más razón para temblar, estaba tranquilo, sin miedo; hasta se podría decir que sentía una gran calma. Estaba preparado para lo que viniera. Un colega le comentó: "¿Qué va a suceder?" A lo que le respondió: "Lo ignoro; sin embargo no tengo empeño en saberlo. Solo sé, y me basta, que ni una hoja de un árbol cae sin el beneplácito de nuestro Padre celestial. Es poca cosa morir por el Verbo, pues el Verbo se hizo carne y murió por nosotros; con Él resucitaremos si con Él morimos". Claro está que Lutero sentía que la lucha no era contra él, sino contra la Biblia y el Dios que él representaba.

De varios amigos en la región norte de Alemania recibió noticia que el Papa había firmado la bula *Exsurge Domine* (Levántate, Señor, preparada por el mismo Johann Eck, el que lo había acusado de Husita), y que el propio Eck estaba en camino para entregársela en persona. Se cuenta que se detenía en las ciudades importantes, mandaba a imprimir varios ejemplares de la bula y en actos públicos la leía con solemnidad, a la vez que mandaba quemar los libros de Lutero. También se supo de las dificultades que acompañaban a Eck, puesto que en la mayoría de las ciudades, el pueblo rompía los ejemplares y se proclamaba a Lutero en voz alta, a la vez que condenaban a Roma. Por la información que recibía, la gran mayoría de los alemanes simpatizaban con él y rehusaban participar en las demostraciones de Eck.

Algunos ejemplos son interesantes. En la ciudad de Lovaina un grupo de estudiantes pidió permiso para quemar los libros prendiendo una gran hoguera. Muchos participaron y enormes cantidades de libros fueron quemados. Más tarde descubrieron que todos eran libros católicos y ni uno era de los de Lutero. En un banquete que se brindó en su honor en el Condado de Nassau, se levantó el príncipe Ravenstein ante Eck, y le dijo: "En el espacio de cuatro siglos por fin un cristiano se ha atrevido a levantar la cabeza, y ahora el Papa se la quiere decapitar". El caso es que dondequiera que llegaba Eck, gran parte de la población, incluso los nobles y universitarios, lo ridiculizaban y mortificaban. Debido a la oposición que encontró, tardó tres meses en llegar a Wittenberg, desde Roma, para entregarle a Lutero la proclamación de condena.

Aunque sabía que Eck estaba en camino con la bula condenatoria, Lutero en ningún momento se escondió. Al contrario, continuó sus tareas normales en la universidad, predicaba los domingos en la Iglesia Santa María y seguía escribiendo sus libros (escribió un total de cien títulos). Veamos un fascinante relato que nos ayuda a conocerlo y apreciarlo mejor.

En su *Historia del cristianismo,* el historiador Paul Johnson cuenta que Lutero solía pasar tres horas al día en oración. Todos los días, con las manos recogidas y su ventana abierta, oraba a Dios. Tenía la convicción de que ese era su tiempo de comunión verdadera con el Señor, un aspecto deseado y esencial de su vida. Explica Jonson: "La constancia de Lutero en la oración privada era para él la verdadera alternativa a un cristianismo mecánico y seco. Esta actitud suya era el elemento personal que más le llamaba la atención a las personas comunes, no solo entre los alemanes sino también entre la población de otros países". Algunos de sus sermones sobre la oración son muy sencillos, sin ostentación religiosa; muestran su gran confianza y dependencia de Dios. Termina cada uno de esos sermones implorando a las familias para que cada día en todos los hogares destinaran un tiempo orando y pidiendo a Dios su presencia y su ayuda. Declaraba: "Esto es lo que más une a una familia".

Cuando al fin un ejemplar de la bula llegó a sus manos, Lutero en forma calmada y pública, el 17 de noviembre de 1520, a las diez de la mañana, convocó a un notario y a cinco testigos. Ante ellos dictó su protesta oficial a la bula papal, la cual empezaba así:

> En atención a que el poder general de la Iglesia Cristiana es superior al del Papa, sobre todo en lo concerniente a la fe;
>
> En atención a que el poder del Papa no es superior, sino inferior a la Escritura, y que él no tiene derecho a degollar los corderos de Cristo y abandonarlos al lobo;

> Yo, Martín Lutero, agustino, doctor en Sagrada Escritura en Wittenberg... [ya que el] papa León... como juez temerario, tirano, me condena sin oírme y sin explicar los motivos... [yo] con todo respeto, suplico al ilustre, sereno, excelente, generoso, noble, fuerte y prudente Carlos, Emperador de Roma... que se una a mi protesta para resistir a la conducta anticristiana del Papa, para gloria de Dios, la defensa de la iglesia y la fe cristiana.

Después de enviar esta protesta al Emperador Carlos, Lutero esperó unos días antes de poner en acción su segundo acto de protesta. Temprano en la mañana del 10 de diciembre, hizo colocar un letrero sobre el muro de la Universidad de Wittenberg, invitando a los profesores y estudiantes a reunirse a las nueve de la mañana, ante la puerta oriental, cerca de la santa cruz.

Un gran número de facultativos y estudiantes se reunieron. Dirigidos por el propio Lutero, marcharon al sitio que había preparado de antemano. Allí había una hoguera completa, rodeada de leña. Uno de los estudiantes le prendió fuego. Cuando las llamas se levantaron, Lutero, vestido con sus vestimentas clericales, se acercó con solemnidad. En sus manos llevaba el libro de leyes canónicas, las decretales pontificias, unas clementinas y escritos de Eck y de Mecer. Una por una las lanzó a las llamas. Al fin, cuando más altas estaban las llamas, tomó la bula papal y la tiró al fuego, diciendo: "Por cuanto has turbado al Santo del Señor,[1] el fuego eterno te turbe y te consuma".

Sin más, Lutero regresó a la ciudad entre gritos y aplausos de los profesores y estudiantes. Es evidente que si una protesta de esta naturaleza la hubiera hecho el fraile de Erfurt en aquellos primeros días cuando sobre la puerta de la Catedral de Wittenberg clavó sus 95 tesis, nadie lo hubiera entendido ni seguido. Hubiera sido la obra sin sentido de un fanático, merecedora de condenación. Pero Lutero, con cuidado, poco a poco y por varios años, estuvo preparando su gran

1. Es decir, a Jesucristo, cuya obra de salvación completa negaba la bula (así lo explica Fliedner, *op. cit.*, p. 114).

protesta contra la manera en que la Iglesia Romana se había apartado de Dios y de su divina verdad. Por sus sermones, sus escritos y sus sinceras y francas protestas —todas respaldadas por las palabras inconfundibles de la Sagrada Escritura— el pueblo no solo comprendía el por qué de la proclama, sino que se unía a ella.

Aclaremos que esta actuación de Lutero no era una protesta en contra de la Iglesia Cristiana, ¡nunca lo fue! Él amaba a la iglesia, vivía para ella y le servía de corazón. Esta demostración era una manera simbólica, noble y sensata de proclamar al mundo lo que merecían las doctrinas falsas, antibíblicas y anticristianas que durante largos siglos los papas, cardenales, obispos y sacerdotes introdujeron con vergonzosa osadía en la Iglesia Romana. Era una protesta en contra de un cristianismo que ya no era cristiano, sino una nueva religión que esos malvados inventaron y sustituyeron con sutileza por el verdadero evangelio de Jesucristo.

Lutero quería, por decirlo de algún modo, con un movimiento de sus manos, quemar para siempre todo ese mal que se había acumulado durante esos mil años de desvío. Quería ver una iglesia pura y sin mancha ante Dios, que siguiera el puro evangelio de Jesucristo, con sencillez y fe genuinas.

Lutero había encendido su propia hoguera. Ahora tenía que disponerse para la que el Papa León le tenía preparada en la ciudad alemana de Worms.

La hoguera que el Papa León no pudo encender

Es un hecho que todo lo que hacía Lutero lo sabía el Vaticano de inmediato; al mismo tiempo las imprentas europeas lo convertían en la noticia del día. Por un lado salió la noticia de la quema de la bula, mientras por el otro anunciaban que el Papa León X había firmado otra nueva bula titulada *Decet Romanum Pontificem*, excomulgando a Lutero de la Iglesia Romana.

Al respecto, Fliedner hace una interesante observación: "La conferencia de Leipzig había separado *en forma interna* a Lutero del Papa; pero el acto de quemar la bula fue una declaración formal de su separación del obispo de Roma, de su iglesia y de su adhesión a la Iglesia Universal... fundada por los apóstoles de Jesucristo". A la vez Lutero, en sus clases en la universidad, decía que antes estuvo "debajo" del Papa, pero que ahora estaba "al lado", es decir, al mismo nivel de él.

Aunque no hubo una metamorfosis inmediata de monje a protestante, sin embargo hubo ciertos cambios. Por mucho tiempo estuvo "en el lado opuesto" a la iglesia. Ahora, por la expulsión, sabía que estaba fuera en forma total. Lutero seguía viviendo en el monasterio de Wittenberg, lugar donde residía desde el otoño de 1511. Seguía dando sus clases de teología y Biblia en la universidad; predicando en la Iglesia Santa María los domingos; seguía visitando y administrando los once monasterios en su distrito; y continuaba bajo la protección del elector Federico el Sabio. ¿Cuáles serían los cambios ahora que el Vaticano expulsó a Lutero de la Iglesia Romana? Es interesante notar, escribe a su colega Juan Lang, en Erfurt, contarle lo libre que se sentía, ya que ni pertenecía a los agustinos, ni a los "papistas", sino solo a Cristo.[2] El Papa le podría expulsar de la iglesia *visible* acá en la tierra, pero no podía expulsarlo de la iglesia *invisible* de los que pusieron su fe solo en Jesucristo.

Es importante observar que la bula *Decet Romanum Pontificem*, dirigida contra el reformador, no lo afectaba solo a él. Aunque la bula no lo mencionaba en forma directa, sin embargo miles de personas de todos los rincones de Alemania, parte de Suiza, Dinamarca hasta Suecia se habían unido a las protestas de Lutero leyendo sus libros y oyendo sus sermones y elocuentes exposiciones bíblicas. Habían entendido la forma como la iglesia se apartó de las Escrituras y se alejó de Jesucristo y de los apóstoles. Más importante aun, gran número de ellos aceptaron las verdades del evangelio de Jesucristo por la sola fe, dejando a un lado su dependencia de las obras meritorias. Entre ellos había obispos, sacerdotes, príncipes, alcaldes y una multitud de obreros y pueblo del común. Expulsar a Lutero de la Iglesia Romana significaba expulsarlos a ellos también.

---

2. "Papistas" fue el nombre dado por los protestantes a los seguidores de la Iglesia Católica.

En realidad lo que más temía el Vaticano era los libros de Lutero. Es fascinante observar que en la primera bula, *Exsurge Domine*, lo que se condenaba era los libros de Lutero y no a él mismo. Roma es la única iglesia que tiene un *Index Auctorum et Librorum Prohibitorum*,[3] un índice de libros prohibidos. Hasta hoy Roma teme los libros que revelan sus errores. En las obras de Lutero la iglesia quedaba expuesta, desnuda, desprotegida. En esos libros cualquiera podía leer los textos bíblicos que mostraban con claridad hasta qué punto la iglesia se había desviado del evangelio de Jesucristo.

En aquellos libros se podía aprender cómo la Iglesia Romana gradualmente inventó "otro evangelio". Se podía leer acerca de las intrigas de los papas y las terribles manchas y corrupción de los ambiciosos cardenales. Y lo peor [para los contrarios de Lutero] de todo, en ellos se podía encontrar el evangelio bíblico, sencillo, claro, inconfundible que llevaba al individuo en forma directa al Salvador Jesucristo, sin tener que pasar por medio de una iglesia, ni a través de sacerdotes, ni mediante esa cadena interminable de santos y ángeles.

Para protegerse, el Vaticano tenía que buscar con urgencia la manera de destruir esos libros y acabar con su autor. La oportunidad se dio cuando el recién elegido emperador Carlos V propuso una solemne asamblea con todos los príncipes y gobernantes de su imperio en la ciudad alemana de Worms. La reunión en los comienzos se citó para el 6 de enero de 1521 en la ciudad de Nuremberg, pero debido a una plaga que asolaba a aquella ciudad, optaron por celebrarla en Worms. Sobre la mesa de discusión se pusieron dos asuntos: 1. El nombramiento de un concilio regente en caso que Carlos se viera obligado a ausentarse; y 2. Determinar la jurisdicción de una propuesta cámara de gobierno. A instancias del Papa León X se añadió un tercer tema, enjuiciar al hereje Martín Lutero y sus libros, por estorbar la paz del imperio.

El 28 de enero, en el festival de Carlomagno, el Emperador Carlos V dio principio a la Dieta. En sus palabras de apertura celebró la grandeza del Imperio Romano durante aquellos años de 768 a 814, y

3. Este índice fue adoptado por la Iglesia Católica al final del Concilio de Trento, en 1564, y el Vaticano sigue publicando estas listas hasta el día de hoy. La Iglesia Católica no cree en la libertad de expresión ni de prensa.

prometió que volvería a traer semejante gloria al imperio sobre el cual gobernaba.

Desde el principio, la manera de tratar el tema de Lutero fue un problema. Para asegurarse de que esta vez no fracasaría, el Papa nombró a dos nuncios: a Marino Caraccioli, gran manipulador político y bien conocido por Federico, y a Jerome Aleander, bien "empapado" de todo lo relacionado con Lutero, y considerado como el más erudito personaje de aquellos tiempos.

Ambos representantes, de inmediato, trataron de persuadir al Emperador Carlos V (cuyo interés principal era lo político, no lo religioso) de la gravedad de la situación en Alemania, debido a los escritos y las enseñanzas de Lutero. Carlos estaba dispuesto a ordenar que se quemaran sus libros. Pero los nuncios querían más que hacer arder libros, querían incendiar al propio Lutero. "Estas llamas", decían al emperador, "no son suficientes para purificar el aire infectado de Alemania. Quizás aterroricen a los simples, pero no castigarán al culpable. Necesitamos de un edicto imperial contra la vida de Lutero".

"Como acabo de ascender al trono", respondió Carlos, "sin el acuerdo de mis consejeros no puedo dar un golpe tan fuerte contra esta numerosa facción que está protegida por tan poderosos defensores. Primero tendré que escuchar lo que nos dice el elector de Sajonia al respecto, y después daremos respuesta al Papa".

Entonces corrieron para consultar al elector Federico. Pero ni sus halagos ni sus argumentos pudieron persuadirlo: "Este asunto es demasiado delicado para resolverlo ahora. Les avisaré cuando tenga respuesta", les dijo el poderoso príncipe alemán. En parte estaba molesto porque el Papa, desafiando sus consejos, había ordenado la bula *Decet Romanum Pontificem,* un documento que ponía en riesgo la Universidad de Wittenberg y la paz de sus súbditos.

Además, él como elector de Alemania, había pedido al Papa y al Emperador que reunieran a un tribunal de preparados y piadosos hombres para mostrar dónde estaban los errores en los libros de Lutero, y ninguno de ellos reunió a tal grupo, y hasta el momento nadie había mostrado tales errores para que los libros fueran quemados. Al responder a los nuncios, volvió a hacer esta petición, demandando que se le diera a Lutero un salvoconducto para presentarse ante tal tribunal. El elector Federico estaba cada vez más convencido de que Lutero estaba en lo cierto y que era su responsabilidad protegerlo.

Comenzó la Dieta. Luego de tratar los temas políticos principales (el nombramiento de un concilio regente y la elección de los representantes para la cámara de gobierno), se comenzó a tratar el caso de Lutero. Hubo largos debates en la Dieta en cuanto a los errores del monje agustino. Los dos nuncios del Papa se movían entre la asamblea, buscando con su arte politiquero convencerlos para pedir la pena de muerte para Lutero. Entonces Carlos V nombró un comité para resumir todas las quejas contra el reformador; la lista llegó a numerar ciento una quejas. Cuando le tocó al nuncio Aleandro hacer su presentación ante la asamblea en nombre del Papa, pronunció un discurso apasionado de tres horas, procurando levantar los ánimos en contra del "monstruoso hereje". En un clásico pasaje del discurso, dijo:

> Enumeraré los crímenes de este monje agustino. Él peca contra los muertos, pues niega el purgatorio; peca contra el cielo, al decir que rehusaría creer aunque un ángel del cielo se lo dijera; peca contra la iglesia, porque dice que todos los hombres son sacerdotes; peca contra los santos, ya que niega el valor de sus venerables escritos; peca contra los concilios, pues ha dicho que Constanza fue un concilio de diablos; peca contra el mundo, porque prohíbe el castigo de muerte para los que cometen pecados de muerte.

Al día siguiente el Duque Jorge de Sajonia rebatió los argumentos del nuncio Aleandro, suministrando a la Dieta una enumeración extensa de los agravios de Roma contra los alemanes y repitiendo parte de la lista dada por Lutero en su libro, *El cautiverio babilónico de la Iglesia.* Estas quejas del duque impresionaron más a la corte que las del nuncio, al ver que él, que tanto había criticado a Lutero, ahora se manifestaba en su defensa.

El consenso final fue que el causante de todo este debate y agitación debiera comparecer en persona. Así que Carlos V, el 6 de marzo de 1521, expidió un edicto pidiendo su presencia. Es curioso notar la manera en que inicia la invitación: "Querido, honrado y piadoso doctor Martín Lutero ..." No solo lo invita a presentarse ante la Dieta en Worms, sino que le promete seguridad en el viaje, puesto que la bula papal ordenaba a cualquier ciudadano capturarlo y entregarlo a las autoridades para quemarlo en la hoguera.

El viaje de Lutero a Worms —iniciado el 2 de abril— le llevaría catorce días, una distancia más o menos de trescientos kilómetros. Al parecer, por ese camino nunca había transitado un tan célebre personaje. Su viaje parecía la marcha de un general victorioso. Multitudes de hombres, mujeres, ancianos y niños se apiñaban para ver a este monje valiente en camino a la corte de Carlos V, dispuesto a dar la vida por su fe. Lo veían como un héroe, pero a la vez como un cordero expiatorio. En Erfurt, aunque la bula papal lo había prohibido, le pidieron predicar en la Iglesia de los Agustinos. En otras ciudades hicieron lo mismo. Por fin, protegido por una escolta de lanceros del emperador, en la mañana del 16 de abril, cruzó los portones de entrada de la ciudad de Worms. Miles de ciudadanos —más de los que recibieron al emperador del reino, Carlos V— lo esperaban, algunos curiosos, otros llenos de temor ante lo que le podría suceder. Lutero los saludó con amabilidad, lleno de emoción al reconocer su respaldo público. Miles lo acompañaron por las estrechas calles hasta llegar al Hotel de los Caballeros de Rodes, donde se hospedaría.

A las cuatro de la tarde del siguiente día los lanceros del emperador aparecieron para llevarlo a la Dieta. La multitud en la calle era mayor que la del día anterior, muchos lloraban, otros le daban palabras de ánimo. Un general, ya anciano, Jorge de Freundsberg, lo detuvo en el camino y le extendió la mano, diciendo: "Pobre monje, pobre monje, estás en camino a enfrentarte a una gran batalla, más noble y valiosa que la que cualquier militar haya confrontado en sus luchas más sangrientas. Si tu causa es justa, y te sientes seguro en ella, avanza en el nombre de Dios sin temor de nadie. Dios no te abandonará".

Con mucha dificultad llegaron al ayuntamiento, donde estaban congregados los grandes de la tierra: el Emperador Carlos V; a su lado, su hermano el Archiduque Fernando; seis electores del imperio; veinticuatro duques, la mayoría de los cuales eran soberanos de territorios extensos; ocho condes; treinta arzobispos, obispos y abades; siete embajadores, incluso los de los reyes de Inglaterra y Francia; diputados de diez ciudades independientes; un gran número de príncipes; condes; barones; los dos nuncios papales; y Martín Lutero. Un total de doscientos cuatro personajes, aparte de sus consejeros, guardaespaldas, y pueblo curioso.

Nunca antes en la historia se había reunido en un solo salón tan grande poderío, con representantes de tantos países del mundo y con tan variados intereses. Ante esa augusta asamblea de reyes se presentaba el hijo de un pobre minero, hombre sencillo, definido, seguro de sí mismo, sincero, afable —aunque algo incómodo—, el fraile Martín Lutero.

El asombro ante esa inusitada coyuntura nos da una pausa para hacer algunas observaciones. Es interesante notar que el Papa lo había condenado y excomulgado, pero ahí estaba ante ese augusto tribunal —el más alto del mundo—; tribunal que ahora con certeza tenía más poder que el Papa. Por orden papal había sido apartado de toda filiación social, no obstante, ahora estaba por hablar ante los representantes más prestigiosos del mundo. El Papa lo había condenado a muerte, mas ahí estaba en carne y hueso.

Es claro que la revolución que tantos añoraban, se manifestaba en ese hombre que estaba en pie; la Reforma estaba en marcha; el poderío de la Iglesia Romana, en forma casi absoluta por más de mil años, comenzaba a derrumbarse a todas luces. Y toda esa humillación de Roma era consecuencia de ese atrevido, confiado y valiente monje lleno de fe en Jesucristo y en la Palabra de Dios. Ahora en Worms, colocado frente al trono de Carlos V, con todos sus libros extendidos encima de una mesa, tendría la oportunidad de defender la verdadera fe cristiana ante los dignatarios más renombrados de la tierra.

A una señal del emperador, el canciller del arzobispo de Tréveris, Juan Eck,[4] se puso de pie y dirigió sus palabras a Lutero, primero en

4. Aunque tenía el mismo nombre que el acusador de Lutero en la ciudad de Leipzig, era otro.

latín y después en alemán: "Martín Lutero, su sagrada e invencible imperial majestad le ha citado ante su trono, de acuerdo al consejo y sugerencia de los estados del Santo Imperio Romano, para pedir la respuesta suya a dos preguntas: primero", y señalando a los libros sobre la mesa, prosiguió: "¿Es usted el autor de los escritos desplegados sobre esta mesa? Segundo, ¿está usted preparado para retractarse de las muchas afirmaciones erróneas contenidas en los libros o persiste en las opiniones expuestas en ellos?"

Consciente de que Lutero había sido sorprendido por estas dos preguntas y por no saber qué debía responder en el momento, el abogado Jerónimo Schurff interrumpió: "Pido que se lean los títulos de los libros". Así que leyeron los veinte títulos. Después Lutero, conmovido, recuperó su voz y en tono lento y bajo, afirmó:

> Su augusta majestad me pide dos respuestas, la primera, si soy el autor de estos libros, y la segunda, si defiendo lo escrito en ellos, o si retracto afirmaciones lo que he escrito en ellos. Primero, todos los libros son míos, no niego ninguno de ellos. Segundo, sí respaldo todo lo que he escrito. Pero si tuviera que retractarme lo haría solo de lo que haya escrito y que no tenga respaldo bíblico. Puesto que todo concierne a la fe, la salvación de las almas y la divina Palabra, que es lo más grande en cielo o tierra y que todos debemos reverenciar, creo que sería imprudente y peligroso afirmar algo sin debida deliberación, ya que pudiera decir más de lo que se me pide o menos de lo que es la verdad. Si así sucediera, estaría en peligro de recibir la sentencia de Cristo: Cualquiera que me negare ante los hombres, a este también negaré ante mi Padre que está en los cielos. Por tanto, con humildad, ruego a su majestad que me conceda tiempo para deliberar, ya que deseo contestar sin prejuicio a la Palabra divina y sin peligro de mi alma.

Hubo confusión por unos instantes, ya que nadie esperaba tal respuesta. Carlos V se apresuró a reunirse con sus consejeros. Al cabo de unos minutos pidió a la asamblea su consentimiento para tal demora, lo que recibió por unanimidad. De nuevo Juan Eck sirvió de vocero del emperador:

A pesar de que usted sabía, Dr. Lutero, la razón por la cual se pedía su presencia, debe saber también que no merece más tiempo; sin embargo, su majestad, mostrándole gran clemencia, le concede un día para preparar su respuesta. Le ordena aparecer mañana a esta misma hora para entregar su respuesta final, la cual ha de ser oral y no escrita.

Con estas palabras finales, la asamblea fue despedida en espera del día siguiente. Los nuncios pensaban que la demora pedida por Lutero significaba que estaba considerando retractarse. Los amigos de Lutero opinaban que con sencillez había pedido esta extensión para tener un día más de libertad, estaban seguros de que de la Dieta Lutero sería llevado a la hoguera que el Papa le tenía preparada en Roma. Al parecer, el único tranquilo era el propio reformador. Así escribió una breve carta a un amigo: "Le escribo en medio de todo este tumulto... he hecho acto de presencia ante el emperador y su hermano... confesé que era el autor de mis libros y les informé que mañana les respondería en cuanto a una retractación. Con la ayuda de Jesucristo, nunca me retractaré ni siquiera de una palabra en mis obras".

A la hora señalada, las cuatro de la tarde, los lanceros de Carlos V estaban a las puertas del hotel para llevarlo de nuevo a la Dieta. Todos esperaban inquietos la respuesta que Lutero daría. De nuevo lo condujeron delante del emperador. El elector de Tréveris tomó la palabra: "Martín Lutero, ayer usted pidió tiempo para considerar su respuesta. Por cierto, no se le debiera haber considerado su petición, dado el caso que alguien como usted, tan reconocido como un gran doctor en asuntos de las Sagradas Escrituras, debe estar listo siempre a responder preguntas referentes a la fe... Ya el tiempo ha vencido. Responda pues ahora las preguntas de su majestad, quien se ha portado tan generoso con usted. ¿Defiende aún los libros que ha escrito o está preparado para renegar de algunos de ellos?"

Lutero, después de haber recobrado confianza y valor, y luego de saludar al emperador, a los príncipes y nobles presentes, con voz fuerte contestó: "Me encuentro ante ustedes este día, conforme a la orden dada ayer, y por la misericordia de Dios. Ruego que su majestad y que ustedes, ilustres altezas, me escuchen al dar una defensa de la causa que estoy seguro es justa y verdadera. Si, por ignorancia, transgrediera los usos y propiedades de esta corte, les suplico que me perdonen, ya que no fui criado en palacios de reyes, sino aislado en un monasterio. Ayer su majestad me dirigió dos preguntas, la primera, si era autor de los libros cuyos títulos fueron leídos; la segunda, si estaba preparado para retractarme o defender las doctrinas escritas en ellos. A la primera pregunta respondí en forma afirmativa que yo era el autor y de nuevo afirmo que sí lo soy. A la segunda..."

En este momento entró en una larga explicación que podemos resumir de la siguiente manera: Lutero dividió sus libros en tres categorías. La primera eran los que trataban cuestiones de la fe cristiana, obras tan sencillas y prácticas que aun sus enemigos admitían como dignas y útiles. Si se retractaba de esas obras, estaría condenando la misma fe cristiana que todos en la sala aceptaban. La segunda lista eran los libros que atacaban al papado y a sus seguidores por sus vidas disolutas, su ejemplo escandaloso y por pervertir las gloriosas verdades del evangelio. Hizo ver que entonces, bajo esa capa de falsas doctrinas, abusaron en forma terrible del pueblo alemán, robando las propiedades hasta de los más humildes. Si se retractaba de esas obras, se hacía cómplice de aquellos tiranos que cometieron esos crímenes, animándolos a continuar con aquella abusiva explotación.

La tercera lista era de los libros que condenaban las acciones de los amigos del papado, personas que se prestaban para defender la tiranía romana y el desplazamiento de la fe pura. Admitió que al atacarlos empleó expresiones fuertes y quizás excesivas, pero que si se retractaba de esas obras, la consecuencia sería que esos señores seguirían por sus engañosos caminos sin interrupción y él, por retractarse, tendría parte de la culpa.

Lutero terminó su explicación diciendo: "Tengo que decir con el Señor Jesús, si he hablado mal, que se me pruebe dónde está el mal", y volvió a formular el reto que en varias ocasiones hizo en cuanto a sus libros, a dejarse refutar por cualquiera, con tal de que le probaran sus errores con las Santas Escrituras.

De inmediato el canciller de Tréveris, indignado, respondió: "Usted no ha respondido a las preguntas que se le han hecho. No lo invitamos para que pusiera en cuestión las decisiones de los concilios de la iglesia. Le pedimos que diera una clara y precisa respuesta: ¿quiere retractarse, si o no?"

Sin pausa alguna Lutero contestó: "Puesto que su majestad imperial y sus altezas piden de mí una respuesta sencilla, clara y precisa, voy a darles tal que no tenga ni dientes ni cuernos, de este modo: El Papa y los concilios han caído muchas veces en el error y en muchas contradicciones consigo mismos. Por tanto, si no me convencen con testimonios sacados de la Sagrada Escritura o con razones evidentes y claras, de manera que yo quede convencido y mi conciencia sujeta a esta palabra de Dios, no quiero ni puedo retractarme de nada, por no ser bueno ni digno de un cristiano obrar contra lo que dicta su conciencia. Heme aquí, no puedo hacer otra cosa; que Dios me ayude, amén".

Juan Eck estaba furioso, y a gritos —ya que la respuesta de Lutero había causado un alboroto— demandaba que se retractara. Él se rehusó. El emperador Carlos V en forma repentina abandonó la sala, señal de que la reunión terminaba. El elector Federico, muy complacido, le preguntó a su secretario Spalatín: "¿Se fijó usted en lo bien que habló Lutero hoy en la Dieta?" El mariscal en forma rápida sacó a Lutero de la sala, ante los aplausos y aclamaciones de los príncipes alemanes y los silbidos de desprecio de los allegados al papado. Temiendo un intento contra la vida del reformador, sus amigos formaron un círculo protector, acompañándolo hasta el hotel. Por las calles iban con sus manos levantadas al cielo —señal de victoria de los sajones— y los aplausos de júbilo de los miles de ciudadanos de Worms, al oír que su campeón había salido salvo y vivo de la fosa de los leones. Lutero, por su parte, aplaudía mientras gritaba con alegría: "¡Gracias a Dios, ha terminado, todo ha terminado!"

Sin embargo, aún no había terminado todo. Viendo la reacción favorable a Lutero, el nuncio Aleandro de inmediato se reunió con el emperador. Recordándole que si quería la ayuda del Papa en su lucha contra Francia y el respaldo del Vaticano en favor de sus intereses en el imperio, tendría que condenar a Lutero a muerte. Arrinconado y temeroso de lo que podría suceder con su reinado si no complacía al Papa, al día siguiente (viernes 19 de abril), sin consultar a la Dieta, mandó que se leyese el siguiente mensaje a la asamblea: "Como descendiente de los emperadores alemanes cristianos, de los reyes católicos españoles, de los archiduques de Austria y de los duques de Borgoña, los cuales han sido todos defensores de la fe romana, estoy resuelto a seguir firmemente el ejemplo de ellos. Un solo monje, mal guiado por su propia locura, se ha levantado en contra del cristianismo. Para detener esta impiedad, estoy dispuesto a sacrificar mi reino, mis tesoros, mis amigos, mi cuerpo, mi sangre y mi vida. Voy a despedir a este monje agustino, Lutero, prohibiéndole causar el menor disturbio entre los ciudadanos; procederé en contra de él y de sus seguidores como empedernidos herejes, por excomunión, por edictos y por cada medio necesario para destruirlos. Pido a los miembros de los estados portarse como fieles cristianos".

Al oír esta lectura, el salón mostró su falta de aprobación; la decisión de Carlos V no había consultado a la Dieta, ni pedido su aprobación. Era una proclamación personal suya y no la de la Dieta. El desagrado de los delegados se expresó durante varios días, dirigido de manera particular en contra del nuncio Aleandro, ya que reconocían que él —al estilo de Roma— había forzado al joven e inexperto emperador a hacer esa declaración. Muchos, y en concreto cuatrocientos nobles alemanes, se ofrecieron para dar a Lutero un salvoconducto de salida de la ciudad y de regreso a Wittenberg. Por varios días procuraron un arreglo, pero ni Lutero ni Aleandro estaban dispuestos a ceder un ápice.

A las diez de la mañana del viernes 26 de abril, rodeado de un grupo de amigos y veinte caballeros, Lutero —vivo y salvo, a pesar de todas las amenazas de los emisarios del Papa— salió de la ciudad de Worms que casi había sido su calvario. Lutero dio gracias a Dios de corazón: "El diablo mismo fue el guardián de la ciudadela del Papa, mas Cristo creó una brecha en sus muros y Satanás tuvo que confesar que el Señor es más poderoso que él". Por esa inexplicable brecha había escapado, para no confrontarse nunca más con los agentes de Roma. Además, por el simple hecho de escapar, Martín Lutero, el hijo de un humilde minero, había ganado. La Reforma había sido ratificada. La pureza del evangelio había triunfado. Solo faltaba darle tiempo para que las semillas del evangelio sembradas en miles de corazones a través de Europa cobraran vida.

La cosecha no tardó. Pronto el puro y simple mensaje de Jesucristo y de los apóstoles resonaba de nuevo en el mundo. Este crecimiento moderno era parecido a otro largo capítulo de los Hechos Apostólicos. Comenzó en la quietud de la Torre Universitaria a orillas de la Universidad de Wittenberg, donde un inquieto monje leía su Biblia y el Espíritu de Dios abrió su corazón para que comprendiera la verdad del evangelio de salvación. Desde aquella torre, la verdad se extendería por toda Alemania, luego Europa, Inglaterra, Estados Unidos, Canadá hasta llegar al mundo entero. A esos hijos de Lutero sus antagonistas los llamarían "protestantes". Ellos prefirieron autodenominarse "evangélicos", o sea, los que aman y siguen las verdades de las Sagradas Escrituras.

Capítulo 7

Una reafirmación de la "fe" que da vida

La fe, si no tiene obras, es muerta en sí misma (Santiago 2:17).

Introducción

Desde aquel momento (abril de 1513), en la Torre Universitaria, en que Martín Lutero descubrió el remedio divino para el pecador, hasta su rescate inesperado de la Dieta de Worms (abril de 1521) —ocho años—, su vida estuvo llena de turbulentas luchas. Su esperanza había sido que todos, como él, llegaran a comprender la gran verdad del evangelio: la justificación solo por la fe. Decía Erasmo que Lutero había tropezado "con la corona del Papa y con los estómagos de los monjes". El interés de los que controlaban la iglesia era el poder y el dinero, no las almas de una humanidad perdida. Aunque Lutero no pudo lograr que la Iglesia Romana cambiara, hizo que miles de personas se dieran cuenta de los desvíos de la institución y comenzaran a poner su confianza en el evangelio.

En la Dieta de Worms, en forma violenta, Lutero y sus seguidores fueron expulsados de la Iglesia Católica. Es natural que de esa separación emergiera otra iglesia, una que procurara regresar a los cimientos puestos por Jesús y los apóstoles. ¡Eso, en efecto, era lo que buscaban Lutero y los reformadores! Los católicos, como consecuencia de la fuerte controversia, llamarían a esa iglesia "protestante". Ellos mismos —habiendo enunciando su postura— se denominaron "evangélicos". El proceso de dar a luz una nueva estructura eclesiástica demandaría una operación difícil de gestación y de parto. Al nacer esta criatura, en poco tiempo Lutero se daría cuenta de que ¡los hijos no son fáciles de criar! Sin embargo, esa historia será tema para otro libro. Ahora nos corresponde poner fin a este. A propósito, nos toca repasar lo aprendido para poder llegar a unas rápidas conclusiones.

Los que se olvidan del pasado están condenados a repetirlo", señaló el pensador español George Santayana. Con esa palabra quiso resaltar lo importante que es la historia. Y no solo él, el propio Jesús con frecuencia relacionó a sus oyentes algunos escritos del Antiguo Testamento: *Acordaos de la mujer de Lot... Porque como en los días de Noé...* Pablo también insiste en la importancia de la historia al decir: *Estas cosas les sucedieron como ejemplo, y fueron escritas como enseñanza para nosotros* (1 Corintios 10:11). No cabe duda, pues, de que los conflictos, objeciones, disputas y argumentaciones de Lutero con la iglesia son de mucha importancia histórica para los que nos llamamos evangélicos. Lo que repasamos en estos pocos capítulos debe servirnos de espejo.

Observemos que la historia de la Iglesia Católica durante la era medieval se caracteriza por una serie de desvíos de las doctrinas bíblicas. Es posible que los católicos los consideraran como un simple proceso de evolución religiosa normal y correcto —de ahí nace su confianza en la **tradición,** o sea, toda la serie de decisiones eclesiásticas extrabíblicas tomadas durante los primeros 1.500 años—, sobre los cuales se fundamenta gran parte de sus normas y creencias. A su vez, la Iglesia protestante evangélica, uniéndose a Martín Lutero, ha buscado permanecer dentro de la pureza de la doctrina de Jesús y sus apóstoles. Por este motivo se consideran estos puntos divergentes como el meollo del conflicto entre católicos y protestantes. La experiencia de Lutero anuncia —con letras refulgentes— los grandes peligros corridos por cualquier iglesia que abandona sus bases bíblicas. Es así como los reiterados desvíos de la Iglesia de Roma nos sirven como faro para revelar dónde están los peligros y evitar los mismos escollos.

En forma clara vemos que el cristianismo vivido en la primera centuria no era el mismo que se practicaba en el siglo XVI. Por citar un ejemplo, el Pedro de la Biblia, en su carácter y actividad, no se parece en nada a uno que reclamaba ser su sucesor, llamado Inocencio III (1198-1216). El apóstol era humilde, amoroso y devoto seguidor de Jesucristo. Inocencio III, al contrario, carecía de fe, de amor y de humildad. Buscaba poder y gloria para sí mismo, deseos estos que nunca manifestó el pescador de Galilea. Inocencio III, a la fuerza, con su espada desenvainada, impuso su señorío a reyes y artesanos por igual, garantizando así para él y sus sucesores la supremacía sobre todo poder civil. ¡Cuántas contradicciones se encuentran cuando se contrasta la iglesia primitiva con aquella del medioevo!

La Iglesia Romana pretende haber seguido el mismo cristianismo de Jesús y los apóstoles, pero cuando uno estudia la historia medieval observa que, para creerlo, se requiere sufrir de una miopía extraordinaria. Esto, precisamente, era lo que señalaba Lutero. No es que creyera que la iglesia primitiva era perfecta y la del siglo XVI, imperfecta. Sabía que en esa primera iglesia había grandes pecadores (Elimas el Mago, Ananías y Safira, Demas, y otros). Igualmente hay grandes pecadores en las iglesias modernas (sea la católica o la protestante), igual que los había en la iglesia medieval. Desiderius Erasmo (contemporáneo de Lutero) en una ocasión describió a la Iglesia de sus días con estas palabras: "monjas promiscuas; monjes lujuriosos, mentirosos, bandoleros, y alcohólicos... monasterios donde la castidad es la última virtud cultivada y donde los conventos se han convertido en prostíbulos". Aclaremos, sin embargo, que lo que condenaba Lutero no era tanto la pecaminosidad de las personas dentro de la Iglesia (aunque sin duda le molestaba), sino en forma especial la manera como la Iglesia Romana había abandonado el evangelio. Ese era el pecado en realidad escandaloso para Lutero.

Así mismo la historia de la Edad Media sirve para mostrarnos cómo una iglesia —cualquiera que ella sea— puede paso a paso volver a escribir sus creencias hasta llegar a ser otra por completo, aunque retenga mucho de la nomenclatura y símbolos de la antigua. Viendo estos cambios, Lutero imploró a los líderes católicos que regresaran a sus raíces. Al parecer, tanto se habían apartado ya que ni siquiera reconocían las antiguas bases dejadas atrás. Habiendo seguido sus inventos y tradiciones por cientos de años, cuando Lutero les reclamó, lo que hicieron fue rechazarlo a él, a la Biblia y al evangelio. Esas verdaderas creencias evangélicas que chocaban con sus nuevas normas religiosas ya no eran de su gusto. Ahora tenían nuevos conceptos más cómodos para los fines buscados por sus líderes.

En realidad, aunque hubo algunas reformas en la Iglesia Católica como consecuencia del cisma protestante (estúdiese el Concilio de Trento, también los cambios refrescantes logrados por el Vaticano II), aún sigue pregonando aquellas ideas inventadas en la Edad Media, ajenas por completo a lo enseñado por Cristo y los apóstoles. Varias muestras podrían darse. Tomemos una que aparece en el *Nuevo Catecismo* de 1992, tratando el tema del perdón de los pecados. Allí con claridad se anuncia que el pecado es perdonado por el sacramento bautismal, sin hacer mención alguna a Jesucristo y su muerte en la cruz, lo que en teología se clasifica como "bautismo de regeneración". Dice el *Catecismo*:

> El santo bautismo es el fundamento de toda la vida cristiana, el pórtico de la vida en el espíritu (*vitae spiritualis ianua*) y la puerta que da acceso a los otros sacramentos. Por el bautismo somos liberados del pecado y regenerados como hijos de Dios, llegamos a ser miembros de Cristo y somos incorporados a la iglesia y hechos partícipes de su misión.

Luego, bajo el titular "La gracia del bautismo", añade:

> Por el bautismo, *todos los pecados*[1] son perdonados, el pecado original y todos los pecados personales, así como todas las penas del pecado (cf DS 1316). En efecto, en los que han sido regenerados [por el bautismo] no permanece nada que les impida entrar en el reino de Dios, ni el pecado de Adán, ni el pecado personal, ni las consecuencias del pecado, la más grave de las cuales es la separación de Dios.

No hay siquiera una mención al Salvador Jesucristo, ni a la eficacia de su sangre para satisfacer la justicia que Dios demanda por causa de nuestros pecados (vea Romanos 3 al 5; Efesios 2; Gálatas 3 y 4). Al rechazar toda esa enseñanza, decimos que la Iglesia Romana —según el *Catecismo*— sigue creyendo que el bautismo precede al perdón, a la

1. Las cursivas añadidas se encuentran en el original.

fe y es lo que en sí concede perdón. En efecto, puesto que es un sacerdote quien bautiza, es la iglesia la que perdona, ¡no es Jesucristo!

Hoy nos unimos a Lutero para anatematizar tal concepto. ¿Por qué? ¡Pues porque cambia al evangelio! La Iglesia presume tener el derecho de actuar en mediación de Jesucristo. Para llegar a Jesús, el pecador tiene que dar una vuelta y entrar por la puerta de la Iglesia, como si Dios fuera un ser tan distante, tan inaccesible que necesita ayuda. Cristo mismo nos dijo: *He aquí yo estoy con vosotros siempre, hasta el fin del mundo* (Mateo 28:20). Y en otra ocasión: *He aquí, yo estoy a la puerta y llamo; si alguno oye mi voz y abre la puerta, entraré a él y cenaré con él y él conmigo* (Apocalipsis 3:20). Dios siempre ha estado al alcance inmediato del hombre: *Me invocaréis, y vendréis a rogarme, y yo os escucharé. Me buscaréis y me encontraréis, cuando me busquéis de todo corazón* (Jeremías 29:12-13). Además, Pablo, en su discurso en el Areópago de Atenas, rechaza ese concepto de las "agencias intermediarias": *El Dios que hizo el mundo y todo lo que en él hay...* ***no mora en templos*** *hechos por manos de hombres,* ***ni es servido por manos humanas****, como si necesitara de algo, puesto que él da a todos vida y aliento y todas las cosas; y de una hizo todas las naciones... para que buscaran a Dios, si de alguna manera, palpando, le hallen, aunque* ***no está lejos de ninguno de nosotros*** (Hechos 17:24-27).

La Iglesia Católica presume servir al Dios que declara que "*no es servido por manos humanas*", proclamándose mediadora entre Jesucristo y los hombres. Presumiendo ser la que perdona el pecado lo que ha hecho en efecto es distanciar a Jesucristo del pecador y relegarlo a un lugar secundario. El evangelio proclamado en el Nuevo Testamento ¡es otro! Como dijo el apóstol Pedro ante los gobernantes de Jerusalén: *En ningún otro hay salvación, porque no hay otro nombre bajo el cielo dado a los hombres, en que podamos ser salvos.* No es la iglesia la que salva, no es un sacerdote el que dispensa el perdón, es Jesucristo quien de manera directa nos salva de nuestros pecados en respuesta a nuestra fe en lo que logró por nosotros en la cruz. Cuando a Él se le deja a un lado, cuando a Él se le distancia y se le sustituye por un ritual hecho por un sacerdote, eso deja de ser el evangelio predicado en la Biblia y se convierte en otra religión. Los que creemos y defendemos la pureza del evangelio tenemos que señalar tales errores y denunciarlos.

¿Cómo se introducen los errores en la iglesia?

Estudiando la historia de la Iglesia Cristiana en general, encontramos que los desvíos ocurren cuando alguien inventa algún concepto religioso que no está en la Biblia, pero que le gusta a los creyentes. Se inicia, por lo general, con un pequeño cambio o una nueva idea que se supone puede ayudar a la comprensión de alguna verdad. Al principio esa idea o concepto no causa preocupación, ya que no parece perjudicial a la fe. Pero luego se le van añadiendo otras ideas y sobre esas otras hasta que adopta la forma de una verdad o dogma que todo el mundo debiera aceptar como si fuera bíblica. Así es como se abre la puerta a los errores que al fin traen muchos efectos dañinos a la fe.

Veamos un ejemplo.

En el siglo IV, en la iglesia cristiana de Alejandría, Egipto, había un joven que se preparaba para el sacerdocio. Su nombre era Arrio. Era muy capaz y estudioso de la Biblia, se especializó en el estudio de la persona de Jesús. Primero compartió sus ideas con sus amigos, quienes las hallaron fascinantes y progresistas. Luego las presentó ante algunos miembros influyentes de la congregación, quienes también las recibieron como novedosas y aceptables. Arrio decía:

> Dejemos a un lado esa idea del nacimiento milagroso de Jesús. Pensemos, más bien, que llegó al mundo como cualquier niño normal. Lo vimos crecer, pero notamos que era una persona muy especial. Se dedicó a vivir en todo momento para Dios. Rehuyó al pecado y buscó la santidad. Tan complacido estaba Dios con él, que cuando murió como mártir, a causa de sus convicciones, Dios lo recompensó otorgándole la divinidad.
>
> De este modo, Jesús llegó a ser el sublime ejemplo para toda la humanidad. Si somos fieles y vivimos para Dios, también podremos llegar a ser divinos. ¿No creen ustedes que esto tiene mucho más sentido que lo que nos han enseñado

> acerca de un Dios en tres personas? De veras, ¿qué relación tiene esa abstracta fórmula matemática religiosa —un Dios en tres personas— con los problemas que hoy afligen a nuestra sociedad? Lo que como hombres necesitamos es un buen y noble ejemplo, no esa monstruosa especulación de un Dios en tres personas. Solo hay un Dios, no tres.
>
> Jesús nos enseña cómo amar al prójimo. Nos enseña que hay que dar de comer al huérfano. Hay que abrigar a la indefensa viuda. Hay que vivir santa y piadosamente aquí en la tierra, si es que queremos llegar a ser como Dios. ¡Dejemos a un lado esa idea irracional de una Santa Trinidad. Yo estoy convencido de que Jesús llegó a ser Dios por la vida santa y pura que vivió. Así nos mostró a todos el camino.

Los cristianos de Alejandría comenzaron a aceptar como verdad estos conceptos arrianos. Poco a poco esas ideas llegaron a Europa y a Asia Menor. En cuestión de diez años la Iglesia Cristiana se encontraba dividida entre los arrianos —que rechazaban la doctrina de la Trinidad— y los cristianos ortodoxos que defendían las posturas bíblicas. En el año 325, en Nicea, se congregaron representantes de todo el cristianismo para debatir el tema. Allí, en forma clara, se denunció la herejía de Arrio y se estableció el muy importante Credo de Nicea, que enuncia y aclara en términos bíblicos que Jesús es Dios, la Segunda Persona de la Santa Trinidad. Sin embargo, a pesar de que se denunció el arrianismo en Nicea, esas ideas han seguido molestando a la Iglesia hasta nuestros días. Hoy el arrianismo es propagado por la Iglesia Unitaria y por los llamados Testigos de Jehová.

De forma parecida, en todas las iglesias y confesiones, aparecen novedosas creencias que poco a poco van encontrando arraigo. Los evangélicos no son inmunes. Solo hay que repasar un libro de herejías para notar la asombrosa cantidad de veces que las iglesias se han desviado del camino. Cuando se comienza a destacar una enseñanza bíblica sobre otras y se convierte en el punto principal, aquella iglesia ya está en un camino equivocado, abriéndose a doctrinas dañinas y, lo más probable, heréticas. Se sustituye el evangelio de Jesucristo por otro mensaje y la predicación constructiva de la Biblia desaparece. Muchas son las historias que se podrían contar en esta clase de desvíos.

Para ilustrar este fenómeno, limitémonos a un reciente ejemplo: la manera como en estos últimos años ha aparecido la insistencia extraordinaria sobre los ángeles y los demonios. En algunas iglesias hoy se habla más del diablo que de Jesucristo. Es claro que se ha hecho una sustitución de Jesucristo por el demonio. Esta insistencia es bastante nueva, así que podremos trazar su historia con cierta facilidad.

Lo satánico puesto al frente

La Biblia nos dice que "*el diablo, como león rugiente, anda alrededor buscando a quién devorar*" (1 Pedro 5:8). Esta es una declaración general que nos explica la presencia de Satanás en el mundo y habla de su naturaleza devoradora. El texto no da detalles, solo explica que Satanás se parece a un león. El problema salta cuando tan breve explicación no satisface a los curiosos. Quieren saber más de ese misterioso ser. Veamos otro texto de la Biblia. El apóstol Pablo, en el capítulo seis de su carta a los efesios, habla de una lucha *que no es contra sangre y carne*, sino *contra principados, contra potestades, contra los poderes de este mundo de tinieblas*, y contra las *huestes espirituales de maldad en las regiones celestes*.

Estas breves frases, aunque contienen muy poco detalle y ninguna explicación, están preñadas de múltiples posibilidades. El que quiera ser bíblico debería enmarcar sus interpretaciones estudiando las enseñanzas acerca de los ángeles buenos y de los caídos a través de la Biblia, ya que se encuentran unas pocas referencias al tema de Satanás y los demonios desde Génesis 3 hasta Apocalipsis 20. Si ese cuerpo de enseñanza bíblica es ignorado, la tendencia es exagerar o añadir a lo que la Biblia dice. Cuando alguien con una imaginación viva comienza a inventar, se crea un mundo enorme de fantasía demoníaca, pero al mismo tiempo imaginaria y seguramente errónea.

No hay duda de que la existencia de esos funestos seres diabólicos despierta interés. Fíjense en lo que muchos cinematógrafos han creado: *El bebé de Rosmery; Rescate en el barrio chino; El pozo y el péndulo; La noche del demonio; El abogado del diablo; Las abuelitas satánicas;*

Escalofrío diabólico; El espiritista; El exorcista; Gritos en la noche; El jorobado de la morgue; Las joyas del diablo, para nombrar unos pocos entre los centenares que se han filmado.

Por tanto, no es de sorprenderse que algunos autores cristianos también hayan aportado sus propios inventos. Convencidos de la realidad de un mundo diabólico, y armados con un poco de Biblia, han pretendido contarnos cómo se manifiestan los demonios, cómo están organizados, cuánto poder tienen, los lugares donde aparecen hoy y cuál es la manera de controlarlos y vencerlos. ¡Increíble la cantidad de conclusiones a que han podido llegar, cuando en la Biblia hay tan poca! Presentamos como ejemplo libros como *Líbranos del mal* (Don Basham, 1972), *El adversario* (Mark Bubeck, 1975), *Lo que los demonios pueden hacer a los santos* (Cerril Unger, 1977), *La posesión demoníaca y el cristiano* (Fred Dickason, 1987) y otros más. Pareciera que con cada nuevo título se añaden nuevas ideas infernales. Por supuesto, que el tema atrae a los lectores curiosos que desean ser aterrorizados por este mundo de espanto tenebroso.

Escuché a un colega de otro seminario defender estos excesos: "La Biblia —dijo—, no tiene suficiente información acerca del diablo y sus demonios, por tanto tenemos que ir a otras fuentes para saber cómo son y cómo contrarrestarlos". Las fuentes a las que se refería eran brujos y personas poseídas de demonios, realidades que la Biblia condena en forma definitiva: "*Y cuando os digan: Consultad a los médiums y a los adivinos que susurran y murmuran, decid: ¿No debe un pueblo consultar a Dios? ¿Acaso consultará a los muertos por los vivos? ¡A la ley y al testimonio [la Biblia]! Si no hablan conforme a esta palabra, es porque no hay para ellos amanecer*" (vea también Deuteronomio 18:10-13). Si se llega a la conclusión de que la Biblia no nos da suficiente información sobre un tema tan importante como lo es la doctrina de Satanás y sus demonios, eso equivale a decir que Dios nos ha fallado, nos ha dejado indefensos en nuestra ignorancia. Y esto sí que equivale a otra herejía mayor.

En tiempos recientes varios de nuestros autores cristianos han lubricado muy bien sus imaginaciones, han llenado sus células cerebrales de gasolina y han pisado el acelerador a fondo, creando un tremendo, fascinante, gigantesco y abrumador mundo demoníaco. Sus lectores están enloquecidos con esas extravagantes fabricaciones, imaginándose demonios donde quiera que miran. Lo triste es que muchas iglesias han aceptado esos libros como si fueran inspirados, confundiendo la ficción con la verdad bíblica, al punto de satanizar al pecado, y crear un exagerado mundo lleno de odiosos y temerosos diablos.

Los libros de Frank Peretti, Rebecca Brown y Mary Baxter

No hay duda de que el novelista Frank Peretti —junto a otros escritores— dio rienda suelta a su imaginación cuando en 1986 escribió su novela *Esta patente oscuridad*. En forma dramática creó un mundo demoníaco e invasor a punto de destruir a una quieta e inocente aldea cristiana en la que, si sus ciudadanos no hubieran reaccionado a tiempo —usando todo tipo de armas de fe— todos habrían perecido. Como novela era excelente, parecida a *Godzila*, *King Kong*, *Los pájaros*, y otras, con la ventaja de que los demonios en realidad existen. El problema surgió cuando sus lectores en forma lamentable convirtieron la novela en doctrina. La novela fue un tremendo éxito editorial, traducida a varios idiomas, con ventas de más de ocho millones de ejemplares. Una obra de ficción agradable. Mantiene al lector atado a sus páginas, absorto en el complot. Pero como doctrina es desastrosa. El mismo Peretti, en una entrevista con la revista *World,* admitió que se había quedado asombrado por la manera como tantas iglesias aceptaron su fabricación imaginativa como doctrina iluminada.

¿De dónde sacó Peretti esos demonios tan gráficos, desde los más gigantescos hasta unos terribles enanitos atormentadores? Puesto que hoy todo se analiza desde el punto sicológico, algunos apuntan a un escrito reciente de índole biográfico, *The Wounded Spirit* [Espíritu herido] en el que Peretti narra su difícil niñez. Nos dice que era hijo de misioneros pentecostales que trabajaban en Canadá. Nació en medio de una terrible tormenta de hielo en la que casi perecen. Siendo muy niño sus padres descubrieron en su cuello un quiste higromático que, una vez operado, se convirtió en un enigma para los médicos. "Luego de siete operaciones infructuosas", dice, "mi lengua se inflamó, quedando extendida fuera de la boca, goteando una sustancia que al exponerse al aire se convertía en una costra negra. Se me caía la baba en forma permanente, dejando mi boca y barbilla cubiertas de sangre y de una sustancia negruzca". En la secundaria llegó a ser objeto del abuso y del ridículo de sus compañeros de clase. Oraba pidiendo a Dios auxilio y rescate pero, al parecer, nunca fue escuchado. Dice que sus padres insistían en que "tenía que ir a la escuela, hacer sus deberes, cumplir con sus estudios, mantener sus zapatos amarrados, ir a la cama a la hora indicada, comer sus vegetales sin quejarse y cumplir sin cuestionar la autoridad de ellos".

Con una niñez como esa (quizás la del poeta italiano, autor de *La divina comedia*, Dante Alighieri —1265 a 1321— fue parecida), es fácil comprender cómo con tan triste trasfondo un autor puede imaginarse un mundo lleno de terribles demonios, vistiendo al diablo de rojo, colocándole cuernos y un tridente negro y rodeándolo de un enorme y poderoso ejército de demonios. Luego, mirando todo lo horrible que ocurre todos los días en nuestro triste mundo, visualizaría millones de demonios en acción, cualquiera fuese su colorido y repugnante apariencia. Está claro que si los demonios tienen la culpa de todo el mal que ocurre en el mundo, han de ser miles e incontables, un enorme ejército bien organizado, con sus príncipes, con sus territorios bien delimitados, con sus órdenes claramente especificadas, haciendo guerra espiritual contra Dios, su Iglesia e incluso contra la humanidad entera.

El problema teológico es que la Biblia no asigna toda la culpa del mal al diablo ni a sus demonios. La culpa del mal también está en nosotros los hombres. Cuando Adán peca, desobedeciendo las órdenes recibidas, Dios le dice: *Por cuanto has escuchado la voz de tu mujer y has comido del árbol del cual te ordené, diciendo: «No comerás de él», maldita será la tierra* ***por tu causa****; con trabajo comerás de ella todos los días de tu vida* (Génesis 3:17). La Biblia aclara la manera en que el pecado nos llega. Dice: *Cada uno es tentado, cuando* ***de su propia concupiscencia*** *es atraído y seducido. Entonces la concupiscencia, después que ha concebido, da a luz el pecado; y el pecado, siendo consumado, da a luz la muerte* (Santiago 1:14-15). En otras palabras, no necesitamos al diablo para pecar. El pecado nace de nuestros propios deseos malsanos (sin duda, Satanás abanica esos deseos carnales nuestros para hacerlos arder). Vemos nuestra responsabilidad al notar lo que Dios le dijo a Caín: *Si haces bien, ¿no serás aceptado? Y si no haces bien, el pecado yace a la puerta y te codicia, pero tú debes dominarlo* (Génesis 4:7). El hombre es culpable porque rehúsa dominar sus deseos, en lugar de obedecer a Dios y pedir su ayuda, escoge hacer lo que sabe que es contrario a su ley. *He aquí, no se ha acortado la mano del Señor para salvar, ni se ha endurecido su oído para oír, pero* ***vuestras iniquidades*** *han hecho separación entre vosotros y vuestro Dios, y* ***vuestros pecados*** *le han hecho esconder su rostro de vosotros para no escuchar. Porque vuestras manos están manchadas de sangre, y vuestros dedos de iniquidad; vuestros labios hablan mentira y vuestra lengua murmura maldad* (Isaías 59:1-3; vea también Romanos 3:10-17).

La raíz del mal en el mundo no es, en forma exclusiva, el diablo. ¡La Biblia también culpa a la pecaminosidad de los hombres como la causa de todo lo horrible que ocurre en este planeta! Cuando atacamos a los demonios en vez de afrontar nuestra propia pecaminosidad, nos apartamos de la verdad y aceptamos una conclusión falsa.

Para continuar con la historia, si fuera cierto lo que Peretti afirma en su libro, entonces tendríamos razón, como el Quijote, para aceptar lo propuesto en la novela, y con la ayuda de Sancho y Mengano hacerle frente a esos monstruos y a sus invisibles fortalezas. Si el treinta por ciento de lo que cuenta Peretti fuera correcto —en cuanto a la doctrina—, podríamos atribuirle al diablo y a sus demonios todo lo malo que ocurre en el mundo, desde guerras y plagas hasta la pérdida de aquellos costosos aretes que se nos cayeron en el lavamanos, por ejemplo. Además, cuando se le desinfla una llanta a nuestro automóvil, culparíamos de ello a un demonio. Diríamos, cuando un niño se cae de una mesa (a la que no debió treparse): "¡Un demonio lo tumbó!" Le reclamaríamos por qué la sopa que se quemó se convierte en cenizas debido a que el desgraciado demonio se metió en la cocina. Entonces la herida del dedo, al cortar las zanahorias, se debería a que un condenado demonio hizo resbalar el cuchillo.

Por supuesto, forzando esas ideas de que lo malo viene de los demonios, podemos declarar que ellos son los causantes de nuestras caídas espirituales, de nuestros desvíos en el error y de nuestra indiferencia espiritual (sin mencionar todo lo que hacen por afligir a nuestros hijos, familiares y amigos). Y, como si todo eso no fuera suficiente, podemos imaginarnos que también se han dedicado a atacar a nuestros hígados, riñones, vesículas, oídos, lenguas y gargantas, para enfermarnos con tumores cancerosos de todo tipo. Además, para seguir la última ola, se expurgan estas odiosas criaturas con vómitos inducidos.

Si, como venimos diciendo, todo esto tuviera respaldo y origen bíblico, ciertamente sería hora de que como pueblo de Dios nos organizáramos y nos uniéramos para hacerles la guerra. Pero, ¿en qué libro de la Biblia se nos dan tales detalles? ¿Dónde se enseña que Satanás es omnipresente, omnipotente, y omnisciente? Esas virtudes son únicamente divinas, y Satanás es una mera creación. ¿En qué parte de la Escritura se nos enseña que estas aborrecibles criaturas tienen poder ilimitado para atormentar a los siervos de Dios día y noche, para poseerlos, para impedir su progreso espiritual? Al contrario, la Biblia nos dice que *el ángel del Señor acampa alrededor de los que le temen, y los rescata* (Salmo 34:7). En la historia de Rut hay otro texto que nos asegura que estamos bajo la protección continua de Dios: *que tu remuneración sea completa de parte del Señor, Dios de Israel, bajo cuyas alas has venido a refugiarte* (Rut 2:12), realidad que se puede decir de todo creyente en Cristo.[2] Donde está el Dios santo ¿podrá infiltrase un demonio inmundo?

Por supuesto, los que elevan y magnifican el poder de Satanás y sus demonios, los hacen aparecer sin barreras en todas partes. Muchos de los últimos libros que se han publicado apoyan tales conceptos. Peretti es solo un autor entre muchos de los que se han dedicado a alertarnos en el siglo **XXI** sobre el horripilante mundo demoníaco que amenaza acabar con todos. Al parecer, cada mes descubrimos nuevos tomos con novedosas tramas y demonios más horribles, que podemos vencer al usar las extraordinarias técnicas expuestas por sus autores. En

2. De esta frase viene la inspiración para un gran himno de consuelo, *Bajo sus alas estoy descansando...* .

particular debemos destacar los escritos de Rebecca Brown,[3] ayudada por la bruja convertida, Elaine, y los libros *La Divina Revelación del Infierno* y *La Divina Revelación del Cielo* por Mary K. Baxter, que se distribuyen como si fueran tratados teológicos con gran fundamento bíblico. (Vea críticas serias a estas obras en la página web: www.flet.edu, sección Ayudas pastorales.)

¿Qué ha pasado? Primero, todo lo malo que ocurre en el mundo lo están metiendo dentro de un mismo saco: el de los demonios. Segundo, la vida cristiana se entiende solo en términos de hacerles guerra espiritual a estos espíritus infernales. Tercero, se ha convertido a cada cristiano en un guerrero unidireccional. Es decir, solo ve demonios y no reconoce las muchas otras influencias que afectan en forma perniciosa la vida del cristiano (por ejemplo, el pecado personal, el amor al mundo y esa naturaleza humana inclinada a desobedecer a Dios). Cuando la espiritualidad solo significa batallar contra demonios, el cristianismo se convierte en un fanatismo exagerado y morboso. ¿Cuál es el resultado? Con tal búsqueda y lucha contra demonios al pobre cristiano se le deja tan agotado que no tiene tiempo ni energías para disfrutar siquiera de las experiencias buenas de la vida. Tampoco puede decir: "Para mí el vivir es Cristo".

¡Y lo que es peor! ¡El diablo resulta ser el ganador! Distraído por una incesante guerra espiritual, el fatigado y desgastado creyente no encuentra ni hambre ni tiempo para Cristo. Después de tanta lucha, ¿quién quiere leer y estudiar la Biblia? Ni siquiera hay tiempo para disfrutar de la familia. La vida cristiana se ha convertido en una prolongada guerra en la que no existe tal cosa como la abundancia de gozo que debe acompañar al que vive para Cristo (vea Juan 10:10).

---

3. Ese no es su nombre real. Nació como Ruth Irene Bailey. Después de que el Indiana Medical Licensing Board, el 15 de marzo de 1984, le quitara su licencia médica (debido a prácticas abusivas y negligencia profesional), y varios otros problemas legales en ese estado, se mudó a California. El 11 de febrero, 1986, legalmente cambió su nombre a Rebecca Brown, el que ya usaba como *nom de plume*. Las notables inconsistencias en la información histórica que ella da en sus libros la hace poco fiable, especialmente cuando entra en el terreno bíblico-teológico.

Pablo nos habla acerca de la tendencia de los Corintios de aceptar toda nueva doctrina que aparecía, ya que les encantaba lo novedoso: *Porque si viene alguno predicando a* ***otro Jesús*** *que el que os hemos predicado, o si recibís* ***otro espíritu*** *que el que habéis recibido, u* ***otro evangelio*** *que el que habéis aceptado, bien lo toleráis.* Esa misma tendencia, no solo de tolerar cualquier novedad predicada, sino de entrar de lleno en esas doctrinas se evidencia en nuestro mundo de hoy. Por cierto, es una manifestación del posmodernismo que ha penetrado la Iglesia: buscar lo que más gusta, satisfacer la intriga de lo místico, experimentar nuevas sensaciones, personalizar nuestras luchas, creyendo que hacemos guerra contra unas fuerzas invisibles extraterrestres y misteriosas. Nos fascina mirar todo lo que nos lleva al mundo de lo macabro.

Por contraste, lo que es bíblico y como tal requiere de estudio, porque es algo provechoso y razonable, parece sin embargo algo aburrido. Hoy se persigue lo dinámico, lo peligroso, lo espeluznante, lo movido, lo que se opina que es actual y varonil. Y así las multitudes se dejan llevar por esas enseñanzas. Debajo de cada cama, detrás de cada puerta, de cada accidente, al final de cada situación dañina que ocurre, se ven demonios escondidos. Hoy se prefiere un mundo lóbrego y tenebroso, un lugar lleno de espíritus inmundos donde da miedo vivir, antes que este planeta hermoso que Dios creó y donde Jesucristo está estableciendo su eterno reino.

Las actividades de los demonios

¿Qué nos enseña la Biblia en cuanto al mundo espiritual? Nos informa que Dios hizo todo, incluso los ángeles, y lo hizo "*bueno en gran manera*". Pero descubrimos en varios textos que hubo una rebelión en el cielo y un grupo de ángeles "*no guardaron su dignidad, sino que abandonaron su propia morada*" (Judas 6). En 2 Pedro 2:4 leemos que "*Dios no perdonó*" a los ángeles que pecaron, por tanto les espera la eternidad en el infierno. Del estudio de Salmo 78:49; Mateo 25:41 y Apocalipsis 9:11; 12:7-9 entendemos que esos ángeles caídos están asociados a Satanás y le sirven. Dios, al igual que a nosotros los hombres, les dio a todos ellos soberanía limitada.[4] Esa soberanía controlada se ve ilustrada en los capítulos 1 y 2 de Job por las limitaciones que Dios les impone. Satanás y sus demonios no están sueltos en el mundo para hacer lo que les dé la gana.

Solo cuatro veces en el Antiguo Testamento (Levítico 17:7; Deuteronomio 32:17; 2 Crónicas 11:15; Salmo 106:37) se mencionan los demonios, indicación clara de que no deben ser prioritarios en el pensamiento del pueblo de Dios. Y en la mayoría de esas citas, se vinculan a la idolatría de las religiones paganas. En el Nuevo Testamento son mencionados 63 veces, enseñando que ni son omnipotentes, ni omnipresentes, ni omniscientes. Son por cierto limitados en la manera que pueden afectar a los creyentes en Jesucristo (1 Corintios 10:13). Es más, en todo el Nuevo Testamento no se encuentra siquiera un creyente que fuera mencionado como endemoniado. Al contrario, hay frases claras que desmienten el gran poder que hoy muchos le asignan. El apóstol Santiago nos enseña que todo lo que tiene que hacer un creyente es: *resistid, pues, al diablo y huirá de vosotros* (Santiago 4:7).

¿Dónde habitan? La Biblia nos informa que pertenecen al mundo invisible, sobrenatural y no a nuestro mundo físico. Pablo afirma que estas "*huestes espirituales de maldad*" moran en "*las regiones celestes*" (Efesios 6:12). Por lo tanto, esa idea que algunos promueven hoy de que habitan en artesanías de cerámica antigua o moderna, en particular indígena, o que están en documentos de ancestros ocultos en gavetas, o que cuando uno transporta ciertos objetos de su tierra natal o conserva documentos de padres, abuelos y otros antepasados, se da lugar a la presencia de ciertos demonios, llevándolos a otros países, es puro invento, mito, fantasía y superstición. Sabemos que ellos fueron expulsados del cielo puro y santo donde habita Dios con sus santos

4. Hablamos de "soberanía limitada" porque solo Dios tiene soberanía ilimitada. Nuestra capacidad como criaturas está limitada por muchas barreras, a saber, nuestras propias deficiencias, las circunstancias sobre las cuales no tenemos control, el mismo gobierno, nuestra edad, nuestros familiares, nuestras capacidades, etc. Sólo Dios tiene el poder y la capacidad de decidir y de hacer lo que quiera.

ángeles pero, aparte de decir que están en las "*regiones celestes*" y que Satanás es el príncipe de la potestad "*del aire*" (Efesios 2:2), no tenemos más información. Cierto es que tienen acceso de manera especial al mundo de las tinieblas, pero no dentro del mundo que pertenece a Jesucristo. Lo que sí es seguro es que un día serán encerrados para siempre en el lago de fuego y azufre preparado para ellos (Apocalipsis 20:10; Mateo 25:41).

A. A. Hodge en su obra *Bosquejos teológicos*[5] dice: "En cuanto a las almas de los hombres, Satanás y sus ángeles no poseen poder alguno ni para cambiar los corazones ni para forzar a nadie a hacer su voluntad. El poder de Satanás y sus huestes demoníacas sobre los hombres es solo moral, ejercido dicho poder por engaños, decepciones, seducciones y persuasiones. Las frases bíblicas que describen sus obras incluyen expresiones tales como "*engaños y obras de injusticia*", "*poder, señales y prodigios mentirosos*" (2 Tesalonicenses 2:9-10); transformándose en "*ángel de luz*" (2 Corintios 11:14); "*engaños*" (Efesios 6:11); "*cegando la mente*" (2 Corintios 4:4), "*cautivando la voluntad*" (2 Timoteo 2:26; "*engañando, si puede, al mundo entero*" (Apocalipsis 12:9). Si no gana por medio de sus persuasiones, utiliza sus "*dardos de fuego*" (Efesios 6:16) o "*abofetea* [no dice posee]" a los que le resisten (2 Corintios 12:7). Como ejemplos de su forma de obrar, estúdiense Génesis 3; a David (1 Crónicas 21:1); Judas (Lucas 22:3); Ananías y Safira (Hechos 5:3), y la manera como tentó a nuestro bendito Señor Jesucristo (Mateo 4).

De acuerdo con lo que nos enseña la Biblia, Satanás y sus demonios se especializan en tentaciones y engaños:

1. Inducen a la impureza moral (Mateo 10:1; Marcos 5:13; Deuteronomio 18:9-14).
2. Propagan doctrinas falsas (1 Reyes 22:21-23; 2 Tesalonicenses 2:2; 1 Timoteo 4:1).
3. Se oponen a los hijos de Dios (Efesios 6:12).

---

5. A. A. Hodge, *Outlines of Theology*, publicado en 1860, ahora editado por Zondervan, Grand Rapids, MI, 1979, p. 255.

4. Se apoderan de seres humanos (Mateo 4:24; Marcos 5:8-14; Lucas 8:2; Hechos 8:7; 16:16). Sin embargo, en todo el Nuevo Testamento no hay siquiera un caso de un creyente que pueda considerarse como poseso, es decir, poseído por el demonio.
5. En ocasiones son usados por Dios para cumplir sus divinos propósitos (Jueces 9:23; 1 Samuel 16:14; 1 Corintios 5:5; Apocalipsis 9:1-12; 16:13-16).

Recordemos que siempre emplean mentiras, señales y milagros engañosos para hacernos creer en ellos y para perjudicarnos y tentarnos a caer (Apocalipsis 16:14; 2 Tesalonicenses 2:9). Su influencia, sin embargo, es solo moral y espiritual. No tienen poder para forzar a nadie a cometer pecado, ni para que vayan en contra de la voluntad de Dios. Todo hombre, por haber sido dotado con libre albedrío, siempre es responsable de sus propias acciones. Nunca puede decir: "¡La culpa la tiene el diablo!"

Si el diablo y sus demonios fueran los responsables de los pecados que cometemos los hombres, entonces Jesucristo hubiera muerto en la cruz en vano, no hubiera tenido que derramar su sangre "por *nuestros* pecados", solo hubiera tenido que destruir a Satanás. Nosotros somos los que pecamos, nosotros somos los responsables de nuestras iniquidades, nosotros todos tenemos que rendir cuenta a Dios por nuestras obras (2 Corintios 5:10). Al tratar el tema de Satanás y sus demonios, cuando se desea el bien de los creyentes que tienen poca instrucción, busquemos sobre todo ser bíblicos. Ya hay suficientes errores, no nos hagamos culpables por añadir más.

¿Por qué es tan fácil desviarse?

Podemos leer estas historias de luchas en la iglesia del pasado y pensar que a nosotros no nos pasaría tal cosa. Pero si así fuese no nos amonestaría el apóstol en su primera carta a los Corintios: *Así que, el que piensa estar firme, mire que no caiga* (10:12). Vivimos en un mundo lleno de opiniones divergentes, corrientes nuevas, doctrinas sospechosas, personalidades persuasivas y materiales de toda clase con capacidad inimaginable de persuasión. En nuestra lucha por conservar la verdad, ¿cómo podemos, a la manera de Martín Lutero, ser fieles a Dios y a su Palabra? ¿Será en realidad posible no ser llevado por una o más de estas corrientes en este ambiente tan lleno de conceptos contradictorios? ¿Cómo puede un creyente estar seguro de que posee, al fin, la verdad?

Como lo fue para Lutero, la Biblia —y solo la Biblia— puede ser nuestra única fuente de autoridad y de conducta. Nos dejamos engañar cuando perdemos de vista lo que dice la Escritura, cuando ya no la amamos de corazón, cuando preferimos que alguien nos hable de ella en vez de estudiarla por nosotros mismos, cuando el evangelio deja de entusiasmarnos y cuando seguir a Cristo se convierte en algo rutinario. Bajo estas condiciones el error entra con facilidad. Entonces comenzamos a buscar sustitutos, algo que llene ese vacío interno y nos alimente, aunque sea con hojarasca. Hay un tipo de decaimiento que es muy peligroso, a saber, el desasosiego y la fatiga emocional. Este aparece cuando los asuntos de Dios y las actividades en la iglesia se vuelven monótonas.

Hace algunos años, el Dr. Vernon Grounds, presidente del Seminario de Denver, dijo lo siguiente en un encuentro de pastores. (Lo dicho es cierto tanto para un pastor como para cualquier creyente):

> El ministerio del evangelio tiene una gran dosis de rutina. Un pastor sigue el mismo programa de trabajo semana tras semana, año tras año. Tiene que conducir los mismos servicios de adoración, de los que participan los mismos individuos como si cumplieran con una regla... Se cantan domingo tras domingo los mismos envejecidos cánticos. Las mismas peticiones son presentadas en las mismas plegarias y se repiten los mismos anuncios. Los mismos temas se predican porque la persona que predica es un evangelista constante en la forma de predicar con vigor el evangelio.
>
> Además de la tarea de preparar el sermón [que se vuelve rutinaria], el pastor tiene un itinerario de visitas que hacer, reuniones de comités a los cuales asistir, y juntas y sociedades

> en las que debe participar. Están también los mismos problemas que se deben resolver, las mismas personas desajustadas a las cuales brindar consejería.
>
> Luego, si el ministro está invitado a cenar a algún sitio, tendrá que enfrentarse a las mismas personas y considerar los mismos temas. Más aun, cuando toma sus vacaciones es muy probable que tenga que viajar al mismo sitio de siempre, por la crónica escasez de fondos.
>
> ¡Qué aburrido es todo esto!
>
> La tarea es interminable, puesto que cuando llega el final del domingo, el pastor encara la tarea de preparar más sermones para los mismos creyentes y nadie, excepto él mismo, es capaz de reconocer lo que significa una faena ingrata y la carga que supone soportarla. No es de extrañarnos, pues, que haya muchos pastores que en forma desesperada suspiren por ideas nuevas y frescas.
>
> Anhelan un toque reanimador de inspiración; añoran un sentido de originalidad. Darían cualquier cantidad por disponer de nuevas e impactantes ilustraciones para reemplazar las viejas e insustanciales historias que se repiten día tras día...

Si en ese momento apareciera alguien que quisiera prometer introducir nueva vida al ministerio, que promete remediar esa insoportable monotonía y aburrimiento, brindar ánimo, poder, hacer crecer la congregación y proveer mejores entradas financieras, el pastor lo seguiría como si fuera el mismo Espíritu Santo. Es claro que muchos de estos nuevos ministerios han surgido como respuesta a tal fatiga y desánimo. El pastor al principio se siente aliviado. Cree que trae algo nuevo y bueno para su congregación. Todo el mundo se entusiasma y de nuevo parece que hay vida, ánimo y vitalidad en la iglesia. Pero, ¿en qué se ha metido? ¿Es esta nueva rutina realmente lo que enseña la Biblia —por novedoso que sea— o será otro evangelio? Unos se confortan al ver que otros pastores han caído en lo mismo. Que con esa nueva modalidad todos parecen crecer, hay mejores ofrendas, más asistentes al culto y una serie de líderes que siguen proveyendo nuevas ideas —"secretos espirituales"— que afirman haber recibido en forma directa del Señor. Pero a los pocos meses regresa la fatiga y el desánimo. Entra la inquietud, ¿será lo que estamos haciendo lo que Jesucristo en realidad nos ha pedido hacer? ¿Es esto el evangelio bíblico o estaremos siguiendo a otro Jesús o a otro espíritu que no es el Espíritu Santo de Dios?

La pregunta sigue ahí: ¿Cómo podemos evitar caer en uno de estos desvíos que se presenta a cada momento? ¿Cómo evitar caer en un evangelio falso? ¿Qué hacer cuando todo se vuelve tedioso, y nos sentimos cansados y aburridos? Unas recomendaciones del Dr. Vernon Grounds podrán servirnos de ayuda:

> Lo básico en los problemas espirituales propios del pastor está en su relación personal con Dios. Y ¡ay de nosotros! pues esta relación a veces puede ser menos que superficial. El pastor puede estar tan ocupado sirviendo a Dios que no tenga tiempo para su oración confidencial, ni ocasión para la lectura devocional de las Escrituras, ni espacio para mantener una relación fraterna con su Salvador. Puede estar tan ocupado sirviendo a Dios que no le queda tiempo para el Dios a quien está sirviendo. De eso estamos seguros, esta es una vieja verdad. Es un estribillo que cansa de tanto que se ha repetido. No necesita de una percepción singular o de alguna iluminación especial, ni de ninguna habilidad interpretativa. Esto es algo obvio y reconocido.
>
> Por lo tanto, dejemos de considerar el cuadragésimo capítulo de Isaías como una simple mina de joyas homiléticas. Este es el tiempo propicio en que nosotros, como siervos de Dios podemos aplicarnos cada uno la preciosa promesa del versículo treinta y uno: *Pero los que esperan a Jehová tendrán nuevas fuerzas; levantarán alas como las águilas; correrán y no se cansarán; caminarán y no se fatigarán...*
>
> ¿Estamos abatidos por nuestras presiones? ¿Estamos extenuados por tratar de hacer el bien? ¿Estamos derrotados

> al extremo de que nos dejamos llevar por una corriente que nos lleva al abismo? Si así es, en el nombre de Dios, empecemos de nuevo, como nunca antes, a esperar ante nuestro Señor. Revitalicemos, por medio de Jesucristo, nuestra relación personal con Dios. Añadamos una nueva dimensión de profundidad y perseverancia a nuestra vida devocional. Nos elevaremos, entonces, como águilas. Superaremos nuestro sentido apagado y tedioso de llevar adelante nuestras responsabilidades; estaremos más allá de la fuerza gravitacional de nuestras ansiedades, y nos levantaremos con libertad y poder, con una nueva vitalidad, creciente y no comprometida.

El secreto para la vida está en la Biblia. Lo que todos necesitamos es aceptar esa verdad y buscar el tiempo para que a través de sus páginas, lleguemos a conocer lo que dice Dios y obedecerle, sin tratar de añadir nada. Es curioso ver la reacción del apóstol Pablo cuando los creyentes de la región de Galacia comenzaron a escuchar otro evangelio. Unos pretendidos "evangélicos" llegaron enseñando que con solo confiar en Jesucristo para su salvación no era suficiente; sino que tenían, además, que obedecer ciertas leyes y prácticas judías (es decir, obras que les hicieran más santos, más espirituales, ganándoles méritos ante Dios).[6] El apóstol Pablo, escandalizado, les escribe: *Me maravillo de que tan pronto hayáis abandonado al que os llamó por la gracia de Cristo, para seguir un evangelio diferente; que en realidad no es otro evangelio, sólo que hay algunos que os perturban y quieren pervertir el evangelio de Cristo. Pero si aun nosotros, o un ángel del cielo, os anunciara otro evangelio contrario al que os hemos anunciado, sea anatema* (Gálatas 1:6-8).

Hay un solo evangelio que vivimos y predicamos. Cualquier tipo

---

6. De paso, maestros parecidos han llegado hoy, enseñando que hay que seguir ciertas leyes judías. Con tristeza muchas iglesias, en lugar de anatematizarlos, los están escuchando. Tales iglesias están en peligro de abandonar el evangelio, queriendo crear uno nuevo.

de desviación, cualquier añadidura, cualquier cambio —aunque venga directamente por una visión o por la aparición de algún ángel—[7] de inmediato tiene que ser descalificado, anatematizado.

El evangelio que nos mantiene en la verdad

Así hemos llegado al final. Pero puesto que hemos hablado tanto del "evangelio" y de nuestra fidelidad a lo que enseña, revisemos en forma breve como conclusión lo que entendemos con esta palabra.

El vocablo "evangelio" quiere decir "buenas nuevas". Se refiere a lo que nos declara la Biblia acerca del gran plan de Dios en cuanto a enviar a su Hijo para redimirnos del pecado y rescatarnos para el cielo. Esa gloriosa buena nueva es que a *Cristo, que no conoció pecado, Dios le hizo pecado por nosotros, para que fuéramos hechos justicia de Dios en él* (2 Corintios 5:21). Ya lo hemos dicho, pero conviene repetirlo: estamos tan manchados por el pecado, tan perdidos, y somos tan culpables ante Dios que no hay manera de poder salvarnos por nosotros mismos. Cristo, el Hijo de Dios, hizo lo que no éramos capaces de hacer nosotros. Vino del cielo, se hizo hombre y realizó aquí en la tierra un tipo de vida que usted y yo le debíamos a Dios. Nuestro sustituto, Jesucristo, como perfecto Dios y perfecto Hombre, tomó el castigo que nosotros merecíamos y resucitó de los muertos, para que el Santo Dios pudiera perdonarnos y darnos poder para vencer el pecado, vivir piadosamente en este mundo y —al morir— llevarnos al cielo.

Nuestra tendencia no es tanto la falta de obediencia a Dios, sino querer encontrar la manera de salvarnos a nosotros mismos mediante las obras buenas que hacemos. El evangelio es único. Nos enseña que lo que Dios pide es una confianza total en lo que Cristo ya hizo en la cruz por nosotros. Nada más podemos añadir, solo mirar a Jesucristo y confiar en que Él nos ha perdonado y librado de nuestros pecados.

Al explicar el evangelio es necesario comprender que entendemos toda su amplitud al conocer sus variadas facetas. Veamos algunas :

---

7. Tal ángel sería instrumento de Satanás, pues Dios jamás cambiaría su verdad.

1. El evangelio nos transforma.

Es el poder de Cristo el que nos cambia y nos transforma. No es algo que necesitamos solo en una ocasión, sino que es el poder de Dios que nos sigue asistiendo en cada paso de nuestro crecimiento. Mientras más entendemos el evangelio —lo que Dios en su Palabras nos enseña— más entenderemos nuestra pecaminosidad y la necesidad constante de la ayuda de Cristo. Solo con su divino poder podemos llevar adelante una vida que agrade a Dios.

2. El evangelio nos libera.

Nos libera de la maldad del pecado (ya que en verdad somos perdonados). Nos libera de la esclavitud del pecado (las tendencias que antes nos dominaban). Nos libera de nuestros deseos egoístas, para ahora desear agradar a Dios y ayudar a la humanidad. Nos transforma. Nos coloca en otro camino. Ahora servir a Cristo nos produce alegría. Leer su bendita Palabra nos trae felicidad, puesto que nos revela más de Dios y del plan que tiene para nuestra vida. Ahora obedecer su ley es un gozo en vez de una carga.

3. El evangelio nos santifica.

Nos llama a realizar vidas que agradan a Dios; nos llama a la santidad. La santidad no es algo que obtenemos con nuestras luchas y esfuerzo personal. Solo la fe depositada cada día en lo que Cristo vino a hacer por nosotros, permite que Él, por medio de su Palabra, cambie y transforme nuestros corazones. Esa Palabra del evangelio cambia nuestras ideas y conceptos, quita nuestros íntimos problemas de orgullo o falta de estima propia, corrige nuestras aspiraciones para ajustarlas a la voluntad de Cristo. El evangelio nos ayuda a sentir interés por el prójimo y a desear ayudarlo. Al reconocer cómo Cristo nos ha aceptado, purificando y cambiando nuestras vidas, deseamos ver a esta triste humanidad también disfrutar las alegrías de Cristo.

4. El evangelio nos une.

Somos hijos de Dios, y como tales, pertenecemos a una familia: la Iglesia. No llevamos vidas privadas, aisladas, solitarias. El evangelio nos enseña que pertenecemos al "cuerpo de Cristo", y ese cuerpo tiene muchos miembros. No hacemos distinciones entre rico o pobre, entre personas de otras costumbres, razas y pueblos, entre sabios e ignorantes. Descubrimos a los que, como nosotros, han aceptado a Cristo para ser un pueblo santo, unidos unos a otros por toda la eternidad. Por el poder del evangelio esta comunidad se ayuda en forma comunitaria, se anima a vivir en santidad, se estimula a practicar una vida útil y se colabora en forma espiritual y material.

5. El evangelio conduce a la verdadera adoración.

Somos una comunidad de adoradores. Nuestros labios se unen en una gran doxología a Dios por medio de Jesucristo. Esto quiere decir que la adoración alegre está centrada en Dios, no en nosotros ni en nuestras emociones. Lo adoramos por lo que Él es, y de manera especial por lo que ha hecho por nosotros en Cristo. Nuestra adoración es variada, se expresa a veces en poesía, en un canto y en algunas ocasiones, en algo especial que hacemos por un miserable y perdido ser humano con necesidad de Cristo. Y esa adoración no es una expresión loca ni histérica, sino consciente y sincera, que brota de un corazón que comprende lo que le costó a Jesucristo salvarnos. Por tanto la hacemos de tal forma que nuestros vecinos y nuestros hijos la entienden en su sentido más profundo y aprenden también a adorarlo y a seguirlo.

6. El evangelio nos lleva a la oración.

La revelación del evangelio a lo largo de toda la Biblia nos enseña cómo es Dios y cuánto nos ama. Nos descubre la relación de Padre celestial a hijo redimido y, además nos recuerda, que aquel Dios que nos ama quiere comunicarse con nosotros. Nos encanta, pues, la oración. Por ella hablamos con Él y admitimos nuestras limitaciones e incapacidad para cambiar el mundo o transformarnos a nosotros mismos. Por la oración colocamos nuestra confianza y dependencia total en el Todopoderoso. Cuando no oramos, estamos demostrando que confiamos en nuestras propias habilidades más que en Dios. Tal confianza propia es un error que siempre nos lleva al fracaso.

7. El evangelio dicta nuestra misión.

Al conocer el evangelio y darnos cuenta de todo lo que Jesucristo ha hecho por nosotros, comenzamos a ver la necesidad espiritual del mundo entero. Reconocemos que alguien se nos acercó para contarnos las buenas nuevas de Cristo. Esto nos alerta en cuanto a nuestra misión personal. Cristo, nuestro bendito Salvador, nos ordena contarles a otros acerca del evangelio. Entendemos que tenemos un gran deber hacia los que no conocen a Cristo. Nos dedicamos por medio de distintas actividades —la oración, nuestras finanzas y aun nuestra vida— a llevarles a ellos el bendito evangelio.

Cuando reconocemos todas las dimensiones del evangelio aprendemos las maneras de aplicarlo a todos los aspectos de nuestra vida. Esto es lo que nos da crecimiento y madurez. A la vez, reconociendo cuánto necesitamos de Cristo y que el peregrinaje espiritual solo se inicia aquí en la tierra —todavía nos queda una eternidad para disfrutarlo—, buscamos maneras de complacerle y vivir para Él en nuestro presente. Pablo lo afirma en Tito 2:11-14: *Porque la gracia de Dios se ha manifestado, trayendo salvación a todos los hombres, enseñándonos que diciéndole no a la impiedad y a los deseos mundanos, vivamos en este mundo sobria, justa y piadosamente, aguardando la esperanza bienaventurada y la manifestación de la gloria de nuestro gran Dios y Salvador Cristo Jesús, quien se dio a sí mismo por nosotros, para redimirnos de toda iniquidad y purificar para sí un pueblo para posesión suya, celoso de buenas obras.*

Si pudiéramos utilizar a alguien para ilustrar —de forma excelente— el impacto del evangelio en una vida, ese sería Martín Lutero. Desde su encuentro con Cristo en la Torre de Wittenberg hasta su último suspiro, vemos a una persona que no solo entendió el evangelio, sino que con sus luchas y a veces también extravagancias lo vivió. Es conveniente, pues, concluir este escrito regresando al personaje que nos ofreció tan interesante historia.

Se pudiera decir que al expulsar a Martín Lutero de la Iglesia Católica, fue el mismo Papa León X —junto con sus cardenales y obispos— quien en forma indirecta comenzó la Iglesia Evangélica moderna. Dios usó, de manera maravillosa, a este extraordinario y estudioso fraile de Erfurt para iniciar un movimiento de regreso a la Biblia que se extendería por el mundo entero. Hoy los evangélicos se conocen con muchos nombres, pero no importa cuál nombre escojamos —bautista, presbiteriano, nazareno, luterano, cuadrangular, metodista—, es a Martín Lutero a quien todos, por la gracia de Dios, debemos nuestra existencia como evangélicos. Quizás la herencia más importante que nos dejó es el apego a la Biblia como única autoridad de fe y de práctica. Su fidelidad a Dios, su innegable fe, su constancia como cristiano, su valentía ante la persecución y su inquebrantable confianza en la Palabra de Dios nos sirven hasta hoy de innegable ejemplo.

Después de la Dieta de Worms, en sus años como líder de los evangélicos alemanes, cometió errores. Era hombre, en fin de cuentas. Dos críticas fuertes se han levantado contra él:

a) *Los escritos y la fuerte condenación a los judíos.* En defensa de él podemos señalar que el escrito más fuerte vino a consecuencia de la pregunta: ¿Por qué rechazó Dios a su pueblo Israel? Lutero dio un detallado recuento bíblico acerca de las maneras como Israel —a través de toda su historia— fue rechazando a Dios. Con violencia crucificaron al Hijo de Dios sobre la cruz. Por tal rechazo, como se había profetizado, Dios también rechazó a su pueblo. Lutero continuaba condenándolos porque aún en sus días despreciaban a Jesucristo y se levantaban contra Él. Para Lutero cualquiera que ofendiera a Jesucristo era considerado anticristo, no importaba que fuera papista o judío.
b) La *Guerra de los campesinos*, en la que se puso al lado de los

príncipes. Se le critica porque luego de haberse opuesto a los abusos de los príncipes alemanes declaró que todo hombre debe ser libre. Aunque no hay duda de que las simpatías del reformador estaban con los campesinos, Lutero nunca los animó a tomar las armas. Cuando se levantaron contra los príncipes; Lutero mostró su gran devoción a la Palabra de Dios. Esta decía en forma clara: "*Todo el que se opone a la autoridad se rebela contra Dios*". Lutero tomó el lado de Dios y no el de los campesinos.

Entre las grandes contribuciones que permanecen como fruto directo de este gran reformador podemos mencionar las siguientes:

a) Lutero suprimió la distinción entre lo llamado sagrado y lo secular.
b) En su opinión, todo oficio para Lutero era sagrado, ya que se hacía para gloria de Dios. Un clérigo no era superior a un carpintero, ni a un albañil, ni a una ama de casa, ni a una secretaria, ya que todo oficio se vuelve sagrado cuando es hecho para Dios.
c) Este concepto constituyó uno de los principios del mundo moderno, inspirando al hombre a no solo apreciar su valor intrínsico por haber sido creado a la imagen de Dios —fuese príncipe o campesino, noble o plebeyo— sino también a apreciar la dignidad de todo oficio.
d) Por consiguiente, ser pastor no eleva a una persona a un rango más alto ante Dios. Todos los seres humanos son pecadores, inmerecedores de la gracia divina. En esta forma hizo desaparecer el elitismo clerical.
e) Lutero fue, además, el gran campeón de la educación para los hombres de su tiempo. Si una persona no sabe leer y escribir; si no aprende a pensar y a razonar, ¿cómo puede llegar a conocer a Dios y a vivir en una forma que le agrade? Por último, entre sus muchas composiciones poéticas, nos dejó un himno inolvidable: **Castillo fuerte es nuestro Dios**

Castillo fuerte es nuestro Dios
Defensa y buen escudo;
Con su poder nos librará
En este trance agudo.
Con furia y con afán
Acósanos Satán;

Nuestro valor es nada aquí,
Con él todo es perdido;
Mas por nosotros pugnará
De Dios el Escogido.
¿Sabéis quién es? Jesús,
El que venció en la cruz,
Señor de Sabaoth.
Y pues Él solo es Dios,
Él triunfa en la batalla.

Aunque estén demonios mil
Prontos a devorarnos,
No temeremos, porque Dios
Sabrá aun prosperarnos.
Que muestre su vigor
Satán y su furor;
Dañarnos no podrá;
Pues condenado es ya
Por la Palabra Santa.

Por toda Alemania viajaba Lutero, enseñando, predicando y fortaleciendo a las iglesias. Al llegar a la vejez, se describió a sí mismo como "viejo, cansado, decrépito, frío y con un solo ojo para ver". El 23 de enero de 1546 —a la edad de 63 años— predicó su último sermón en Wittenberg. Ese 23 de enero partió con tres hijos para que conociesen su hogar natal. Pasó por el pueblo de Halle para tratar de reconciliar a unos hermanos. Después de tres días, cansado y mojado por la lluvia del crudo invierno alemán, llegó hasta Eisleben, donde enfermó. El 14 de febrero trató de predicar en la iglesia de su pueblo natal, pero tuvo que abandonar el púlpito, sin fuerzas para terminar. Rodeado por sus tres hijos y repitiendo el texto de Juan 3:16, pasó a su recompensa eterna.

Bibliografía

Armstrong, John; Beeke, Joel; Gerstner, John; MacArthur, John; *Justification by Faith Alone,* Soli Deo Gloria Publications, Morgan, PA, 1995.

Asociación de Editores del Catecismo, *Catecismo de la Iglesia Católica,* 1992.

Atkinson, James, *Lutero y el nacimiento del protestantismo*, Alianza Editorial, S.A., Madrid, 1971.

Bainton, Roland H., *Here I Stand*, Published by Penguin Group.

Bakke, Raymond, *Misión integral en la ciudad*, Ediciones Kairós, 2002.

Cantor, Norman F., *The Civilization of the Middle Ages*, First Harper Perennial, 1994.

Chadwick, Owen, *The Reformation,* Penguin Books, New York, New York, 1977.

Chamberlin, E.R., *The Bad Popes*, Barnes & Noble Books, 1993.

Cunneen, Sally, *In Search of Mary: The Woman and the Symbol,* Ballantine Books, New York, 1996.

Durant, Will, *The Story of Civilization: Part VI. The Reformation,* Simon And Schuster, New York, 1957.

Febvre, L., *Martín Lutero*, Presses Universitaires de France, 1956.

Fearon, Mike, *Martin Luther*, Bethany House Publishers, 1986.

Fliedner, Federico, *Martín Lutero: Su vida y su obra*, Editorial CLIE, 1980.

Lull, Timothy F., *Martin Luther's: Basic Theological Writings,* Fortress Press, Minneapolis, MN, 1986.

Geisler, Norman L., And Mackenzie, Ralph E., *Roman Catholics and Evangelicals Agreements and Differences,* Baker Book Hose Company, Grand Rapids, MI, 1995.

González, Justo L., *Historia del Cristianismo,* Editorial Unilit, Miami, FL, 1994.

Hahn, Scott, *Hail, Holy Queen: The Mother of God in the World of God,* Random Hose, Inc. Broadway, New York, 2001.

Hendrix, Scott H., *Luther and the Papacy: Stages in a Reformation Conflict,* Fortress Press, Philadelphia, 1981.

Johnson, Paul, *A History of Christianity,* Atheneum, New York, 1976.

Kelly, J.N.D., *The Oxford Dictionary of Popes,* Oxford University Press, Oxford, New York, 1986.

Kepler, Thomas S., *The Table Talk Of Martin Luther,* Grand Rapids, Michigan, 1952.

Manchester, William, *A world LIT only by fire,* Back Bay Books, Boston, New York, London, 1992, 1993.

Merle d'Aubigné, Jean Henri, *The Triumph Of Truth,* Bob Jones University Press, Greenville, SC, 1996.

Merle d'Aubigné, J.H., *History Of The Reformation,* Baker Book House, Grand Rapids, Michigan, 1976.

Reader's Digest, *Family Treasury Of Great Biographies,* Volume XI, Pleasantville, New York.

Schroeder, H.J.(Traductor), *The Canons and Decrees of the Council of Trent*, Tan Books and Publishers, Inc., Rockford, IL, USA, 1978.

Sproul, R.C., *Faith Alone,* Baker Book House Company, Grand Rapids, Michigan, 1995.

Sproul, R.C., *Lifeviews,* Fleming H. Revell, Grand Rapids, Michigan, 1986.

Sungenis, Robert A., *Not by Faith Alone,* Queenship Publishing, 1997.

Vidler, Alec R., *The Church in an Age of Revolution,* Penguin Books, New York, 1961, 1971.

Apéndice 1

Crónica de sucesos importantes en la Iglesia Católica

Muchas de las creencias que se señalan en esta crónica fueron aceptadas y practicadas con anterioridad a las fechas dadas. Sin embargo, no fueron aceptadas por la Iglesia hasta ser, en forma oficial, adoptadas por los Concilios y proclamadas por el Papa como dogmas de fe. Estas son aproximadamente las fechas:

1. Los presbíteros fueron llamados sacerdotes por primera vez por Luciano (siglo II)
2. Oraciones a favor de los muertos (300)
3. La veneración de ángeles y santos y el uso de imágenes (375)
4. Fue adoptada la misa como una celebración diaria (394)
5. Los comienzos de la veneración a María, y el principio del uso del término "Madre de Dios" aprobado por el Concilio de Éfeso (431)
6. Los sacerdotes empezaron a vestir en forma diferente a los laicos y a usar ropa clerical (500)
7. La extremaunción (526)
8. La doctrina del purgatorio, establecida por Gregorio El Grande (593)
9. Los sacerdotes empezaron la veneración de Maria, los santos y los Ángeles (600)
10. El primer obispo proclamado "Papa": Bonifacio III (610)
11. Se autorizó la veneración de la cruz, imágenes y reliquias (788)
12. Se autorizó el uso de Agua Bendita (850)

13. Veneración de San José (890)
14. Se inició el Colegio de Cardenales (927)
15. La primera canonización de santos muertos fue hecha por el Papa Juan XV (995)
16. Las misas convertidas en sacrificios (1200)
17. El celibato para los sacerdotes decretado por Bonifacio VII (1079)
18. El rosario (copiado de los hindúes y mulsulmanes) introducido por Pedro el Ermitaño (1090)
19. La Inquisición fue instituida por el Concilio de Verona (1184) y legalizado y promovido por el Cuarto Concilio Lateranense en 1215
20. La venta de las indulgencias (1190)
21. Los siete sacramentos fueron definidos por Pedro Lombardo (siglo XII)
22. El dogma de la transubstanciación fue decretado por el Papa Inocencio III (1215)
23. La confesión de los pecados a los sacerdotes, por lo menos una vez al año, fue instituida por el Papa Inocencio III en el Concilio Lateranense (1215)
24. La adoración del agua decretada por el Papa Honorio III (1220)
25. El escapulario fue inventado por Simón Stock de Inglaterra (1251)
26. La doctrina del purgatorio fue proclamada dogma por el Concilio de Florencia (1439)
27. La tradición es declarada de igual autoridad que la Biblia: el Concilio de Trento (1546)
28. Los libros Apócrifos fueron añadidos a la Biblia por el Concilio de Trento (1545)
29. La Inmaculada Concepción de María fue proclamada por el Papa Pió IX en 1854
30. El Papa Pío IX condena todos los descubrimientos científicos que no sean aprobados por la Iglesia Romana (1864)
31. La Infalibilidad del Papa en asuntos de fe y moral fue proclamada por el Primer Concilio Vaticano (1870)

32. Pío XI condena las escuelas públicas (1930)
33. Pío XI reafirma la doctrina de María como "La Madre de Dios" (1931)
34. El dogma de la asunción de la Virgen María es proclamado por el Papa Pío XII (1950)
35. María fue proclamada la Madre de la Iglesia por el Papa Paulo VI (1965)

Apéndice 2

El Salmo 51: *"Miserere mei Deus"*
(expresión latina que significa "Oh Dios, ten compasión de mí")

Esta excelente introducción de Salmo 51 por el Dr. Martín Lutero nos da un entendimiento claro de lo que es el pecado y cómo se confiesa ese pecado a Dios.

El año pasado interpretamos el Salmo 2, sobre Cristo el Rey y su reino espiritual y celestial, cómo lo recibe el mundo, burlado y herido por los reyes y el pueblo, sin embargo cómo conquista y triunfa. Ahora he comenzado la exposición del Salmo Miserere, que enseña acerca del arrepentimiento. No puedo prometer que hable de manera satisfactoria, porque confieso que no he entendido en forma completa al Espíritu que habla allí. No obstante, nos da una oportunidad y una base para el pensamiento y el estudio, de modo que puedo hacerme estudiante junto con ustedes y esperar al Espíritu. Todo lo que Él ofrezca, lo recibiremos con gratitud.

El conocimiento de este salmo es necesario y útil en muchas maneras. Contiene instrucción acerca de las partes principales de nuestra religión, sobre el arrepentimiento, el pecado, la gracia y la justificación, junto con el culto que debemos rendir a Dios. Estas son doctrinas divinas y celestiales. A menos que el gran Espíritu nos las enseñe, no pueden entrar en el corazón del hombre. Vemos que nuestros adversarios han empleado grandes esfuerzos y discutido este salmo en muchos tomos gruesos. Sin embargo, ninguno de ellos en realidad entiende la naturaleza del arrepentimiento, del pecado o de la gracia.

Estas palabras son como un sueño para ellos, que deja algunas huellas en la mente pero la sustancia ha desaparecido en forma total de su mente y de sus ojos. La razón de esta ceguera e ignorancia es que el verdadero conocimiento de estas doctrinas no depende de la inteligencia y la sabiduría de la raza humana, ni nace, por decirlo así, en nuestra casa o nuestros corazones. Más bien es revelado y dado desde el cielo. ¿En dónde hay un hombre que pudiera hablar del arrepentimiento y el perdón de los pecados en la manera en que el Espíritu Santo lo hace en este salmo?

A este himno se le llama "salmo penitencial", y entre todos es el más usado en la iglesia y en las oraciones diarias. El que primero le dio ese nombre sabía lo que hacía. No obstante, los demás de la multitud, que lo cantan o rezan a diaro para hacer las obras que exigen los obispos, no han entendido nada de él. Han aplicado este salmo a la penitencia de las obras, al pecado actual, que ellos definen como "todo lo que se dice, hace o piensa y que es contrario a la ley de Dios". Esta definición es demasiado estrecha para retratar lo inmenso o el poder del pecado.

Tenemos que mirar más a fondo al pecado y demostrar con mayor claridad cuál es la raíz de la maldad o el pecado, no quedarnos solo con los "actos provocados" como ellos los llaman. De este error, la incapacidad de entender en sí mismo el pecado, viene por supuesto el otro error, el de no poder entender en forma correcta la naturaleza de la gracia tampoco. Esto explica su ineptitud para calmar las conciencias tímidas contra la muerte y el juicio divino. ¿Cómo puede alguien dar consuelo si no entiende qué es la gracia? Por eso cayeron en la necedad de persuadir a los hombres que estaban atribulados con los dolores de conciencia a ponerse el hábito, aceptar las reglas monásticas y ritos semejantes, por las cuales creían que agradarían a Dios. Esto demuestra con claridad que no entendían de manera correcta ni el pecado ni la gracia, y que solo enseñaban una teología de la razón sin la Palabra de Dios.

Enseñaban en la misma forma acerca del arrepentimiento: El creyente debía recordar todas las transgresiones del año anterior, entristecerse por ellas y expiarlas por medio de la satisfacción. Les pregunto: ¿No ahorca el juez al ladrón si confiesa su pecado y se arrepiente de él? Sin embargo, estas personas piensan que Dios se satisface si fingen arrepentimiento vistiéndose de otra manera, caminando de otra forma y comiendo otra clase de alimentos.

La lectura de este salmo será en particular útil para entender en forma correcta estos puntos de nuestra doctrina y para que nos provea una refutación docta y seria de nuestros adversarios, que hacen argumentos tan erróneos acerca de asuntos tan serios. Cuando mi conciencia tenía necesidad, yo mismo experimenté qué inútiles eran sus argumentos profanos. También he exhortado con mucha frecuencia a la iglesia para que sea agradecida por este gran don de la palabra y la doctrina pura, porque expulsando las tinieblas Dios ha encendido la lámpara brillante de la Palabra.

Ahora estudiemos el salmo. Aquí se nos expone la doctrina del verdadero arrepentimiento. Hay dos elementos en el verdadero arrepentimiento: el reconocimiento de la gracia o, para utilizar los términos más comunes, el temor de Dios y la confianza en su misericordia. David expone las dos partes en esta oración como en un cuadro hermoso para que lo contemplemos.

Al principio del salmo, lo vemos atribulado por el conocimiento del pecado y el peso de su conciencia. Al final se consuela con confianza en la bondad de Dios y promete que también instruirá a otros para que sean convertidos. Así es evidente que en este salmo el profeta quería exponer la verdadera sabiduría de la religión divina en las palabras correctas y con el significado exacto, con el propósito explícito de enseñarnos la naturaleza del pecado, de la gracia y del arrepentimiento completo.

También hay otros salmos de esta clase, como el 32, *Beati quorum*, (Bienaventurados aquellos) y el 130, *De profundis*, (Desde lo profundo). David es un maestro enseñando esta doctrina, pero de tal forma que al utilizarla sigue siendo un alumno como nosotros; porque todos los hombres, aunque el Espíritu Santo los ilumine, siguen siendo alumnos de la Palabra. Permanecen siempre cerca de la Palabra, y experimentan que apenas pueden extraer una gota del vasto océano del Espíritu Santo.

He resumido en forma breve el contenido y arreglo del salmo. Ahora es necesario decir algo acerca del título. La historia de 2 Samuel 12 es bien conocida. Por tanto, no tengo duda de que este título dio a los escolásticos un pretexto para interpretar este salmo solo en relación con la persona de David y sus pecados personales, ya que él parece estar hablando por su propia persona acerca de sus pecados de adulterio y asesinato. Es extraño que no hayan enseñado también que este salmo se presta para orar solo debe orar por este pecado individual, sino que han permitido que sirva como un ejemplo para la oración por todos los demás pecados.

Así cuando Pablo dice (1 Timoteo 1:16): *En mí el Señor Jesús manifestó su paciencia para un ejemplo a los que creerían en él,* aunque no todos los creyentes fueron perseguidores de la iglesia, esto significa que en Pablo Cristo manifestó su paciencia e infinita misericordia, para que otros no se desesperen en sus pecados. De la misma forma han expuesto este salmo como un ejemplo de la oración por todos los pecados, aunque lo interpretan solo en relación con los pecados personales de David a los que se hace referencia en el título.

No debemos concentrarnos en esos pecados externos, sino ir más allá y mirar toda la naturaleza, fuente y origen del pecado. El salmo habla de la totalidad del pecado, acerca de su raíz, no solo de la obra externa que brota como fruto de la raíz y árbol del pecado. Cuando se queja (v. 5) que fue concebido en el pecado, esto es claro que no se refiere solo al adulterio sino a toda su naturaleza contaminada por lo malo, aunque no objetaré si se presenta lo que David hizo como un ejemplo.

En esta obra aparecen otros pecados además del que cometió con Betsabé. A su adulterio agregó un plan malvado. Declaró que el hombre que había robado el pobre corderito de su vecino merecía la muerte. Al mismo tiempo no vio su propio pecado cuando mató a Urías, que sin duda fue un hombre bueno y fiel a su rey, y le quitó su esposa. Quería parecer un hombre santo que amaba el derecho y la justicia. Esto duplicó el pecado. No solo encubrió el asesinato cruel de Urías, sino que también perecieron otros israelitas y fue blasfemado el nombre del Señor.

Así pasó más allá del quinto y sexto mandamientos para pecar también contra el primero, el segundo y el tercero. Tampoco había dejado sin quebrantar el cuarto, acerca del deber hacia los padres, si ese mandamiento hubiera sido una barrera contra el adulterio que deseaba. En realidad, Dios lo acusa especialmente de blasfemia (2 Samuel 12:14): *Has hecho blasfemar a los amonitas*. El colapso de su pueblo incitó las mentes de los gentiles contra la nación y el Dios de Israel, de modo que clamaban que el Dios de Israel no era nada y el dios de los amonitas era Dios y era victorioso. David es un ejemplo sobresaliente. Uno a uno quebrantó casi todo el decálogo. Sin embargo, no habría reconocido esos pecados si Natán no hubiera aparecido, si no hubiera deseado todavía que se le reconociera como un rey justo y santo.

Al explicarlo de esta manera, el pecado de David es un ejemplo muy conmovedor de la gracia y el pecado. De hecho, si la Sagrada Escritura no hubiera contado esta historia, ¿quién habría creído que un hombre tan santo podría haberse hundido tanto? Por medio del Espíritu Santo había instituido el culto del tabernáculo. Había adornado ese culto con cánticos santos. Había practicado la guerra con gran éxito. Dios había declarado que era un hombre escogido. Tenía una promesa muy gloriosa acerca de la Simiente venidera, Cristo, a quien los profetas llamaron el Hijo de David y el Rey de David. ¿Para qué decir más? No hay ninguna razón por la cual no pudiera compararse justamente con Moisés y Samuel. Sin embargo, tal hombre cayó no en algún pecado pequeño, sino a la vez en toda un conjunto de pecados. Lo que es peor, cayó en la impenitencia y en la gran presunción, de forma que si no hubiera venido Natán, David tal vez hubiera pecado contra el Espíritu Santo.

El hecho de que un hombre tan bueno —lleno del Espíritu Santo, con las mejores obras y sabiduría divina, y famoso sobre todo por su don sobresaliente de la profecía divina— haya caído de manera tan miserable, es un ejemplo para nosotros, para consolarnos cuando el pecado nos acosa y caemos, o cuando nuestras conciencias se ven afectadas con el sentimiento de la ira y el juicio divino. Aquí, en un ejemplo bello, brillan la bondad y la misericordia de Dios, que está listo para perdonarnos los pecados y justificarnos; así que no agreguemos a nuestro pecado la negación de que hemos pecado. Esto se demuestra en la historia de Saúl. Aunque había pecado contra la voz del Señor, se le habría perdonado, si no hubiera también defendido su pecado al afirmar: (1 Samuel 15:13): *He cumplido los mandamientos del Señor.*

Cuando por segunda vez se le advirtió sobre su pecado, de manera soberbia lo negó y dijo: (v. 20): *He obedecido la voz del Señor: he ido en la misión en la cual el Señor me ha enviado.* Por esa razón oyó de Samuel la triste sentencia: *Porque has rechazado la palabra del Señor, él también te ha rechazado como rey.* Es como si dijera: "El Señor de veras está listo para perdonar los pecados, pero solo a los que los reconocen y sin embargo no se desesperan, sino que creen que hay abierta una puerta al Dios que promete el perdón de los pecados a los penitentes".

Aunque el salmo habla de toda la naturaleza del pecado y de su fuente, sin embargo no excluimos la historia a la cual se refiere el título, o sea, al adulterio y al asesinato de Urías. David ve en todos esos pecados suyos —como en un espejo— la impureza de toda la naturaleza. Es como si pensara: "¡Mírame! He administrado los asuntos públicos. He establecido la iglesia de Dios y su culto. He gobernado al pueblo con mano diestra (Salmo 78:72). ¡Mira cómo he caído en tanta abominación y tantos pecados graves!"

Así, partiendo de un pecado, llega a un reconocimiento de todo pecado, como si dijera: "Si un hombre tan grande como yo puede caer como si fuera del cielo al mismo infierno, ¿no es esta caída una prueba para mí y para otros de que no hay nada bueno en mi carne (Romanos 7:18)?" Por eso es muy sabio saber que no somos nada sino pecado, para que no pensemos en forma ligera sobre el pecado como lo hacen los teólogos del Papa, que lo definen como "cualquier cosa que se dice, hace o piensa contra la ley de Dios".

Más bien, define el pecado sobre la base de este salmo como cualquier obra que nace de padre y madre, antes que el hombre tenga edad para decir, hacer o pensar algo. De tal raíz no puede brotar nada bueno delante de Dios. Sobre la base de esto se pueden distinguir dos clases de pecado. Primero, hay toda una naturaleza corrompida por el pecado que está sujeta a la muerte eterna. Segundo, hay una clase de pecado que puede reconocer el hombre que tiene la ley cuando se cometen actos tales como el hurto, el asesinato y el adulterio. Aun el derecho civil habla de esta última clase, aunque no con mucha precisión.

La afirmación de los que siguen la doctrina escolástica, a saber, de que los poderes naturales "están inalterados", es una blasfemia horrible, aunque es aun peor cuando dicen lo mismo de los demonios. Si los poderes naturales están inalterados, ¿qué necesidad hay de Cristo? Si por naturaleza el hombre tiene una buena voluntad; si tiene el entendimiento recto al cual, como dicen, la voluntad puede conformarse por naturaleza; entonces ¿qué es lo que se perdió en el paraíso con el pecado y que tenía que ser restaurado solo por medio del Hijo de Dios?

Hoy, sin embargo, los hombres que aparentan ser maestros de teología defienden la tesis de que están inalterados los poderes naturales, o sea, que la voluntad es buena. Aunque la malicia de vez en cuando quiere y piensa algo que no es recto y bueno, atribuyen eso a la malicia de los hombres, no a la voluntad así como es en sí misma. La mente tiene que ser fortificada contra esas opiniones peligrosas, para que no se oscurezca el conocimiento de la gracia; este no puede quedarse sano y recto si creemos así acerca de la naturaleza del hombre.

Tampoco se puede tolerar esta doctrina escolástica en la iglesia: que el hombre puede guardar la ley según la sustancia de la obra, aunque no según la intención de aquel que lo mandó, ya que de acuerdo a su intención no se requiere solamente la obra, sino también una disposición del corazón que se llama la gracia. Eso sería como decir que el hombre que tiene sanas las manos y los pies puede hacer en forma correcta su trabajo, excepto que está impedido porque no viste ropa blanca o negra. Es así como de la misma manera dicen que Dios requiere algo más que el decálogo y no está satisfecho cuando alguien solo lo guarda, sino que también requiere una disposición correcta.

Todas estas monstruosidades surgieron del hecho de que no conocen de forma exacta la naturaleza del pecado. He enumerado estas cosas para demostrar la gran diferencia entre nuestra sana doctrina y la doctrina monstruosa y engañosa del Papa.

Decimos que los poderes naturales están en extremo corruptos. Cuando Adán fue creado, poseía una voluntad y entendimiento correctos. Podía oír y ver a la perfección, y cuidó por completo las creaturas terrenales, con alabanza a Dios y fe en Él. Por medio de la caída, su voluntad, entendimiento y todos sus poderes naturales se corrompieron de tal manera que el hombre ya no estaba íntegro, sino que el pecado lo desvió, perdió su juicio correcto ante Dios y pensó todo en forma perversa y en contra de la voluntad y ley de Dios. Ya no tenía un entendimiento adecuado de Dios ni amor hacia él, sino que huyó de él y lo odiaba, suponiendo que no era Dios, es decir misericordioso y bueno, sino un juez tirano. Una infinidad de otros pecados proceden de esta pérdida del conocimiento de Dios, porque los hombres pecan con presunción cuando las cosas no les van bien, como nuestros enemigos, que persiguen la palabra, confiando en sus propios poderes.

Creen que la voluntad de Dios está dirigida a que ganen algo delante de Él con su diligencia y devoción y así lo reconcilien con ellos. Por eso han surgido monasterios, reglas monásticas, capuchas, cinturones, misas, peregrinaciones y otros servicios necios, que la naturaleza ha inventado para sí misma contra de la Palabra de Dios y más allá de ella, porque no tiene el conocimiento de Dios. ¿Acaso no son estas señales seguras demostraciones de que en cuanto a Dios y el culto a Él, los poderes naturales están muy corrompidos? En el Antiguo Testamento esto se probó con los varios cultos a los ídolos, por el desprecio de los profetas y de la Palabra de Dios, y por pecados semejantes que Dios condenó por medio de los profetas en su pueblo ingrato.

No podemos decir que los poderes naturales sean perfectos aun en los asuntos civiles. Vemos el gran desprecio que hay hacia las leyes que exigen lo que es recto, qué grande es la decadencia de la disciplina a causa de la cual Dios instituyó las leyes y la autoridad. El médico a menudo se equivoca al mezclar las drogas y a veces, por falta de experiencia, mata al enfermo. Así la misma luz de los ojos, los oídos y todos los demás órganos adquirieron un defecto por el pecado. No son tan sanos y perfectos como antes que Adán cayera en pecado. La corrupción de los sentidos es obvia. ¿Luego, qué condición supone que existe en los asuntos espirituales? Por medio del pecado estamos completamente alejados de Dios, de modo que no pensamos como debe ser acerca de Dios sino que lo consideramos como a un ídolo.

Cicerón y otros grandes hombres cumplieron bien su oficio en la vida pública si vemos sus obras. Sin embargo, si usted mira sus pensamientos, verá que no estaban motivados por otra cosa sino por el deseo de la gloria. Como se dice: "Gloria, solo tú enciendes la mente". ¿No es esta una señal clara de haber perdido el conocimiento de Dios, a quien debemos servir en obediencia sin buscar nuestra propia gloria? Pero ahora las cosas son diferentes, ya que no buscamos la gloria de Dios sino nuestra propia gloria en Dios y en todas las criaturas. Así esos hombres, que sobresalían por su dominio de sí mismos y su sobriedad, tenían como meta no la gloria de Dios sino su propia gloria.

Por lo tanto, nuestro pecado consiste en que hemos nacido y hemos sido concebidos en maldad. David lo aprendió por su propia experiencia. Él define al pecado como la corrupción de todos los poderes, internos y externos. Ningún miembro cumple ahora su función como en el paraíso antes del pecado. Nos apartamos de Dios, cargados de una mala conciencia y sujetos a la enfermedad y a la muerte, como lo demuestran las palabras del castigo (Génesis 2:17): *El día que comiereis de él, moriréis*. Lo aprendemos solo por la Palabra de Dios.

Los gentiles, que no tienen la Palabra, no entienden de manera correcta esos males aunque están en medio de ellos. Suponen que la muerte es alguna clase de necesidad natural, no un castigo por el pecado. Así no pueden evaluar con exactitud nada de la naturaleza humana, porque no conocen la fuente de la cual provienen esas desdichas sobre la humanidad. El salmo nos enseña este conocimiento del pecado y de toda la naturaleza humana. No solo presenta un ejemplo —aunque agradecemos que los escolásticos hayan dejado al menos eso—, sino que incluye toda la enseñanza de la religión espiritual acerca del conocimiento de Dios, de nuestra propia naturaleza, del pecado, de la gracia, y otras.

Por tanto, creemos que este salmo es una instrucción general para todo el pueblo de Dios desde el tiempo en que se compuso hasta hoy. En él David, o más bien el Espíritu Santo por medio de David, nos instruye en el conocimiento de Dios y de nosotros mismos. Cumple ambas funciones en forma magistral. Primero nos demuestra con claridad nuestro pecado, luego el conocimiento de Dios, sin el cual hay desesperación.

Este conocimiento del pecado, además, no es alguna clase de especulación o una idea que la mente inventa para sí misma. Es un sentimiento verdadero, una verdadera experiencia y una lucha muy intensa del corazón, como testifica cuando dice (v. 3): *Conozco* (es decir, siento o experimento) *mis transgresiones.* Esto es lo que en realidad quiere decir la palabra hebrea. No significa, como enseñó el Papa, traer a la mente lo que la persona ha hecho y lo que no ha hecho; sino sentir y experimentar la carga intolerable de la ira de Dios.

El conocimiento del pecado es en sí mismo sentir el pecado. Y el hombre pecaminoso es aquel a quien su conciencia le oprime y lo empuja aquí y allá, sin saber a dónde ir. Por tanto, no tratamos aquí del conocimiento filosófico del hombre, que define a este como un animal racional. Esas afirmaciones son para que la ciencia las discuta, no la teología. Así el abogado habla del hombre como dueño y señor de una propiedad, y el médico como saludable o enfermo. Sin embargo, el teólogo habla del hombre como pecador. En la teología, esa es la esencia del hombre. El teólogo se preocupa de que el hombre se haga consciente de esa naturaleza suya, corrompida por el pecado. Cuando eso sucede, sigue la desesperación que lo echa al infierno.

Frente al Dios justo, ¿qué debe hacer el hombre que sabe que toda su naturaleza ha sido triturada por el pecado y que no puede depender de nada, sino que su justicia se ha reducido solo a no existir? Cuando la mente se ha sentido así, debe seguir la otra parte del conocimiento. Esto tampoco es asunto de especulación, sino de manera total de práctica y sentimiento. El hombre oye y aprende lo que son la gracia y la justificación, qué es el plan de Dios para el hombre que ha caído en el infierno, es decir, que ha decidido restaurar al hombre por medio de Cristo. Aquí se alegra el corazón desalentado, y con base en esa doctrina de gracia declara con gozo: *Aunque por mí mismo soy pecador, no soy un pecador en Cristo, que se ha hecho justicia por nosotros* (1 Corintios 1:30). Soy justo y estoy justificado por medio de Cristo, el

Justo y el que justifica, llamado así porque pertenece a los pecadores y fue enviado a salvar a los pecadores.

Este es el doble conocimiento teológico que David enseña en este salmo, de modo que su contenido es el conocimiento teológico del hombre y también el de Dios. Por tanto, que nadie piense de la divina Majestad, de lo que Dios ha hecho y cuán poderoso es; ni piense del hombre como dueño de sus bienes, como lo hace el abogado; o de su salud, como lo hace el médico. Sino que piense del hombre como un pecador. La materia propia de la teología es el hombre culpable y condenado, y Dios, el que justifica y salva al hombre pecador. Todo lo que se pregunta o se discute en la teología fuera de este asunto es error y veneno.

Toda la Escritura indica que Dios nos manifiesta su bondad y en su Hijo restaura la justicia y la vida de la naturaleza que ha caído en el pecado y la condenación. El asunto aquí no es la vida física: qué debemos comer, qué trabajo debemos emprender, cómo debemos gobernar nuestra familia, cómo debemos cultivar la tierra. Todas estas cosas se crearon antes del hombre en el paraíso y se pusieron en sus manos cuando Dios dijo (Génesis 1:28): *Tened dominio sobre los peces del mar, las aves del cielo*. El asunto aquí es la vida futura y eterna; el Dios que justifica, repara y vivifica; y el hombre, que cayó de la justicia y la vida en el pecado y la muerte eterna. Todo el que sigue esta meta al leer la Sagrada Escritura encontrará mucho provecho en ella.

Por tanto es necesario practicar la siguiente reflexión teológica: El hombre debe conocerse a sí mismo, debe saber, sentir y experimentar que es culpable del pecado y que está sujeto a la muerte; pero debe también conocer lo opuesto, que Dios es el que justifica y redime al hombre que se conoce de esta manera. Dejemos a otros hombres, los abogados, los médicos y demás profesionales, que hablan del hombre en otra forma a que la del teólogo para que ellos se ocupen de los que no aceptan sus pecados.

Apéndice 3

Acerca de la libertad cristiana

por Martín Lutero (1483-1546)
(traducido por Raúl Lavinz)

La fe cristiana ha parecido a muchos una virtud fácil; más aun, pocos la consideran entre las virtudes sociales, por así decirlo; y obran así porque no la han experimentado y nunca han disfrutado de su eficacia. La explicación de esto es que no es posible para ningún hombre escribir bien acerca de ella, o distinguir bien lo que está escrito en forma correcta, sin que al mismo tiempo no haya gustado de su espíritu, cuando se siente empujado por la presión de la tribulación. Mientras tanto, aquel que la ha gustado, aun en un grado muy pequeño, nunca podría escribir, hablar, pensar u oír lo suficiente sobre la misma. En efecto, ella [la fe cristiana] es una fuente viva que brota hasta la vida eterna, como Cristo la llama en el Evangelio de Juan capítulo cuatro.

Ahora bien, aunque no puedo jactarme de mi sabiduría, y aunque sé cuán pobres son mis dotes, con todo, espero que después de haber sido hostigado por varias tentaciones, haya alcanzado una pequeña gota de fe y que pueda hablar de este tema, si no con más elegancia, por lo menos con más firmeza que aquellos disputadores prosaicos y muy sutiles quienes, hasta aquí, han disertado acerca de ella sin entender sus propias palabras. Entonces, para que pueda yo abrir un camino más fácil para el ignorante —porque a estos solo estoy tratando de servir— afirmo primero estas dos proposiciones acerca de la libertad espiritual y de la esclavitud: El cristiano es el más libre señor de todos y sujeto a nadie; el cristiano es el más inteligente servidor de todos y sujeto a todo el mundo.

Aunque estas declaraciones parezcan contradictorias, con todo, cuando se encuentra que concuerdan, sirven en forma excelente a mi propósito. Ambas son declaraciones del mismo Pablo, quien dice: *Por lo cual, siendo libre de todos, me he hecho siervo de todos* (1 Corintios 9:19) y *No debáis a nadie nada, sino el amaros unos a otros* (Romanos 13:8).

Ahora bien, el amor es por su propia naturaleza respetuoso y obediente al ser amado. Así también Cristo, aun siendo Señor de todas las cosas, sin embargo fue nacido de mujer; nacido bajo la ley; libre y siervo al mismo tiempo; a la vez en forma de Dios y en forma de siervo. Examinemos el tema mediante un principio más profundo y menos simple. El hombre está compuesto de una doble naturaleza: espiritual y corporal. En cuanto a la naturaleza espiritual, a la cual llaman el alma, él es denominado el nuevo hombre u hombre espiritual, haciendo referencia a su interior.

En cuanto a la naturaleza corporal, a la cual llaman la carne, él es denominado el viejo hombre u hombre carnal, en referencia a su exterior. El apóstol habla de esto: *Aunque este nuestro hombre exterior se va desgastando, el interior no obstante se renueva de día en día* (2 Corintios 4:16). El resultado de esta diversidad es que en las Escrituras estas declaraciones contrarias se hacen respecto al mismo hombre, siendo el hecho de que en la misma persona estos dos hombres se oponen entre sí. El deseo de la carne lucha contra el espíritu y el del espíritu contra la carne (Gálatas 5:17).

Acerquémonos primero al tema del hombre interior, para que podamos ver por qué medios llega el hombre a ser justificado y libre, es decir, a convertirse en verdadero cristiano, un hombre espiritual, un hombre nuevo en su interior. Es evidente que en forma absoluta, ninguna de las cosas externas, bajo cualquier nombre con que puedan ser consideradas, tiene influencia alguna para producir justicia o libertad cristianas ni tampoco, injusticia o esclavitud.

Esto puede demostrarse con un argumento simple. ¿De qué puede aprovechar al alma que el cuerpo esté en buena condición, libre y lleno de vida; que pueda comer, beber y actuar como le plazca, cuando aun los más impíos esclavos de toda clase de vicios pueden de manera igual gozar de esas mismas ventajas? De nuevo preguntamos: ¿qué daño pueden hacer al alma la mala salud, la enfermedad, la esclavitud, el hambre, la sed o cualquier otro mal, cuando aun los hombres más piadosos y más sanos en pureza y conciencia son acosados por esas mismas limitaciones?

Ninguna de esas debilidades tiene que ver con la libertad o con la esclavitud del alma. Así que de nada aprovechará que el cuerpo esté adornado con vestiduras sagradas, o habite en lugares santos, o esté ocupado en oficios sagrados, o haga oración y ayuno y se abstenga de ciertas carnes, o haga cualquier tipo de obras que puedan ser hechas a través del cuerpo y en el cuerpo. Algo muy distinto será necesario para la justificación y libertad del alma, ya que las acciones de las que he hablado pueden ser hechas por cualquier persona impía, y la devoción a estas actividades solo produce hipócritas. Por otra parte, de ninguna manera perjudicaría al alma que el cuerpo sea vestido con ropa profana, habite en lugares profanos, coma y beba de manera ordinaria, no ore en voz alta y deje sin hacer todo lo antes mencionado, lo cual todo puede ser hecho por los hipócritas.

Para decirlo de una vez, hasta la reflexión, la meditación y cualquier acción que pueda ser desempeñada por los esfuerzos del alma por sí misma, no son de provecho. Una virtud, y solo una, es necesaria para la vida: la justificación. La libertad cristiana viene como consecuencia de la Santísima Palabra de Dios, el evangelio de Cristo, como Él lo dice: *Yo soy la resurrección y la vida; el que cree en mí aunque esté muerto vivirá* (Juan 11:25), y también: *Así que si el Hijo os libertare, seréis verdaderamente libres* (Juan 8:36), y: *No sólo de pan vivirá el hombre, sino de toda palabra que sale de la boca de Dios* (Mateo 4:4).

Por lo tanto, tengamos por cierto que el alma puede sufrir la falta de todo pero menos de la Palabra de Dios. Si esta le falta, ninguna creatura de las que necesita podrá suplirla. Sin embargo, poseer la Palabra, el alma se enriquece y no demanda nada, ya que esa es la Palabra de vida, de verdad, de luz, de paz, de justificación, de salvación, de gozo, de libertad, de sabiduría, de virtud, de gracia, de gloria y de toda obra buena. Por este motivo el profeta en un salmo completo (el 119 y muchos otros) suspira por la Palabra de Dios y clama por ella con abundantes gemidos y clamores.

Además, no hay rasgo más intenso de la ira de Dios que cuando Él envía el hambre de oír sus palabras (Amós 8:11), así como no hay mayor favor de parte de Él que el envío de su palabra, como dice: *Envió su palabra, y los sanó, y los libró de su ruina* (Salmo 107:20). Cristo no fue enviado para otro ministerio que el de la Palabra; y las comunidades de apóstoles, obispos y de todo el cuerpo del clero, fueron instituidas nada más que para el ministerio de la Palabra.

Sin embargo, cualquiera se podría preguntar: ¿Cuál es esa Palabra y a través de qué medios ha de ser ya que hay tantas palabras de Dios? Yo respondo: el apóstol Pablo (Romanos 1) explica lo que es, a saber, el evangelio de Dios, acerca de su Hijo, encarnado, sufriente, resucitado y glorificado a través del Espíritu, el Santificador.

Predicar a Cristo es alimentar el alma, justificarla, liberarla y salvarla, si ella cree la predicación. Puesto que la fe sola, y el uso eficaz de la Palabra de Dios trae salvación. *Que si confesares con tu boca que Jesús es el Señor, y creyeres en tu corazón que Dios le levantó de los muertos, serás salvo* (Romanos 10:9); y, nuevamente, *Porque el fin de la ley es Cristo, para justicia a todo aquel que cree* (Romanos 10:4) y por último: *Mas el justo por la fe vivirá* (Romanos 1:17). Porque la Palabra de Dios no puede ser recibida ni honrada por ninguna clase de obras, sino por la sola fe..

De ahí es claro que como el alma necesita de la sola Palabra para vida y justificación, así ella es justificada por la sola fe y no por obras. Porque si pudiera ser justificada por cualquier otro medio no tendría necesidad de la Palabra y, en consecuencia, tampoco de la fe. Sin embargo, esta fe no puede consistir del todo en obras; es decir, si usted imagina que puede ser justificado mediante dichas obras, cualesquiera que sean, estaría equivocado con ello. Puesto que eso sería vacilar entre dos opiniones, adorar a Baal y besarle la mano, lo cual es una gran iniquidad, como dice Job.

Por lo tanto, cuando usted comienza a creer, comprende al mismo tiempo que todo lo que hay en su interior es del todo culpable, pecaminoso y condenable, de acuerdo con lo dicho por Pablo: *Por cuanto todos pecaron, y están destituidos de la gloria de Dios* (Romanos 3:23), y en otro lugar: *No hay justo, ni aun uno... todos se desviaron, a una se hicieron inútiles; no hay quien haga lo bueno, no hay ni siquiera uno* (Romanos 3:10, 12). Cuando uno comprende eso, sabe que necesita de Cristo, ya que Él sufrió y se levantó nuevamente, para que creyendo en Él, yo pueda llegar a ser otro hombre, siendo todos mis pecados perdonados y siendo justificado por los méritos de otro, es decir, de solo Cristo Jesús.

De ahí que en adelante esa fe puede reinar solo en el hombre interior, como está escrito: *Porque con el corazón se cree para justicia* (Romanos 10:10); y ya que solo ella justifica, es evidente que el hombre interior no puede ser del todo justificado, liberado ni salvado por ninguna obra o labor externa; y que ninguna obra cualquiera tiene relación con el hombre interior. Además, por otra parte, es solo por impiedad e incredulidad de corazón como se convierte en culpable y esclavo del pecado, mereciendo la condenación, no por algún pecado u obra externa.

Por lo tanto, el primer cuidado de todo cristiano debe ser el de abandonar toda confianza en las obras y fortalecer solo su fe más y más, y mediante ella crecer en el conocimiento, no de las obras, sino de Jesucristo que sufrió y se levantó nuevamente por él, como lo enseña Pedro (1 Pedro 5) aunque él no haga obra alguna para ser cristiano. De este modo Cristo, cuando los judíos le preguntaron qué podían hacer para poner en práctica las obras de Dios, rechazó la multitud de obras, con las cuales vio que estaban envanecidos y les ordenó solo una virtud, diciendo: *Esta es la obra de Dios, que creáis en el que él ha enviado... porque a éste señaló Dios el Padre* (Juan 6:27, 29).

De allí que una fe correcta en Cristo es un tesoro incomparable, porque con ella llega la salvación universal y preserva de todo mal, como está escrito: *El que creyere y fuere bautizado será salvo; mas el que no creyere, será condenado* (Marcos 16:16). Isaías, vislumbrando este tesoro profetizó diciendo: *La destrucción acordada rebosará justicia. Pues el Señor, Jehová de los ejércitos, hará consumación ya determinada en medio de la tierra* (Isaías 10:22, 23). Como si él dijera: "La fe, que es el cumplimiento completo y concreto de la ley llenará a los que creen con tal justicia que no necesitarán nada más para justificación". Así también, Pablo afirma: *Porque con el corazón se cree para justicia* (Romanos 10:10).

No obstante, usted se preguntará: ¿cómo puede suceder que la sola fe justifique y, sin necesidad de obras, provea tan grande tesoro de bendiciones cuando tantas acciones, ceremonias y leyes se prescriben para nosotros en las Escrituras? Yo respondo: Antes que todo, recuerde lo que hemos dicho antes: que la fe sola sin obras justifica, libera y salva, como lo demostraré con claridad más adelante. Entretanto, se debe anotar que toda la Escritura de Dios está dividida en dos partes: preceptos y promesas.

Los preceptos, en realidad, nos enseñan lo que es bueno, pero lo que enseñan no está de inmediato ejecutado. Ellos nos indican lo que debemos hacer, pero no nos dan poder para hacerlo. Sin embargo, fueron decretados con el propósito de que el hombre se contemplara a sí mismo, para que a través de ellos no vaya a comprender su propia impotencia para el bien y pierda, en cambio, la esperanza en sus propias fuerzas. Por esa razón se le llama Antiguo Testamento, y eso es lo que son. Por ejemplo: "No codiciarás", es un precepto mediante el cual todos somos culpables de pecado, ya que ningún hombre puede remediar la codicia, no importa cuántos esfuerzos en contrario pueda hacer. Por lo tanto, con el fin de poder cumplir el precepto de "no codiciar", el hombre es empujado a desesperanzarse de sí mismo y buscar en otra parte, y a través de otro, la ayuda que no puede encontrar en sí mismo; como está escrito: *Te perdiste, oh Israel, mas en mí está tu ayuda* (Oseas 13:9). Ahora bien, lo que se hace mediante este precepto se repite con todos porque todos son, en forma igual, imposibles de ser cumplidos por nosotros mismos.

En consecuencia, cuando un hombre es enseñado a través de los preceptos acerca de su propia impotencia y se vuelve ansioso con relación a cuáles medios le ayudan a satisfacer la ley (ya que esta debe ser satisfecha para que ni una jota ni una tilde se quede sin cumplirse, puesto que de otra manera se encontraría condenado en forma irremediable) entonces, estando en verdad humillado y venido a menos a sus propios ojos, encuentra que en sí mismo no hay recursos para su justificación y salvación.

En seguida aparece aquella otra parte de la Escritura, o sea, las promesas de Dios que declaran su gloria y dicen: "Si usted desea cumplir la ley y, como la ley exige, "no codiciar", entonces crea usted en Cristo en quien se le prometió la gracia, justificación, paz y libertad". Tendrá todas esas bendiciones, si cree, y no las tendrá si no cree. Porque lo que es imposible para usted, mediante las obras de la ley, las cuales son muchas y aun así inútiles, lo podrá cumplir en una forma sencilla y resumida a través de la fe, porque Dios el Padre ha hecho que todas las cosas dependan de la fe, de modo que quienquiera que la posea tiene todas las bendiciones, y quien no la posea no tiene nada. *Porque Dios sujetó a todos en desobediencia, para tener misericordia de todos* (Romanos 11:32).

Así las promesas de Dios otorgan lo que los preceptos exigen y cumplen lo que la ley ordena; de modo que todo esto es solo de Dios, tanto los preceptos como su cumplimiento. Solo Él ordena; solo Él también cumple. De ahí que las promesas de Dios pertenezcan al Nuevo Testamento; más aun, ellos son el Nuevo Testamento. Ahora bien, ya que las promesas de Dios son palabras de santidad, verdad, justicia, libertad y paz; y están llenas de bondad universal, el alma que se aferra a ellas con una fe firme, está tan unida a ellas, más aun, tan absorbida por completo por ellas, que no solamente participa de ellas, sino que está penetrada y saturada por todas sus virtudes. ¡Porque si el toque de Cristo era sanador, cuánto más hace aquel toque espiritual más tierno que posee su Palabra y todo lo que pertenece a la Palabra.

Por lo tanto, de esta manera, el alma, a través de la sola fe sin obras, por la Palabra de Dios es justificada, santificada, investida con verdad, paz y libertad, y llena por completo con toda buena obra, y es en verdad hecha hija de Dios, como está escrito: *A los que creen en su nombre, les dio potestad de ser hechos hijos de Dios* (Juan 1:12).

Por todo esto es fácil entender por qué la fe tiene tan gran poder y por qué ninguna buena obra, ni aun todas las buenas obras juntas, se pueden comparar con ella, ya que ninguna obra se puede adherir a la Palabra de Dios o estar en el alma. La fe sola y la palabra reinan en el alma; y tal como es la palabra, así es el alma moldeada por ella. A la manera como el hierro expuesto al fuego resplandece como el fuego, por causa de su unión con éste.

Entonces se hace claro que al hombre cristiano su fe le sea suficiente para todo y que no tenga necesidad de obras para su justificación. Pero si no tiene necesidad de obras tampoco necesita de la ley; y si no tiene necesidad de la ley, ciertamente es libre de ella, siendo verdadero lo por Pablo: *La ley no fue dada para el justo* (1 Timoteo 1:9).

Esta ley es aquella libertad cristiana, o sea, nuestra fe, cuyo efecto no es que seamos descuidados o llevemos una mala vida, sino que ninguno necesite la ley o las obras para justificación y salvación. Consideremos esta libertad como la primera virtud de la fe y veamos también la segunda. Ella es también un ministerio de la fe: que honra con la mayor veneración y la más elevada reputación a Aquel en quien cree, tanto como juzgarle veraz y digno de confianza. Porque no hay honra igual a la reputación de verdad y justicia, con la cual podamos honrar a Aquel en quien creemos. ¿Qué reputación más alta podemos atribuir a alguien que la verdad, la justicia y la absoluta bondad? Por otra parte, no hay mayor insulto con el cual podamos ofender a otro que con la reputación de falsedad e injusticia, o que sea sospechoso de estas, como hacemos cuando no le creemos.

Así el alma, creyendo con firmeza las promesas de Dios, le juzga verdadero y justo, por lo que no le puede atribuir a Dios mayor gloria que la reputación de ser así. La adoración más elevada a Dios es atribuirle verdad, justicia y otras cualidades que debiéramos asignar a aquel en quien creamos. Haciendo esto el alma se muestra, a sí misma, preparada para realizar su completa voluntad; haciendo esto ella santifica su nombre y se abandona a sí misma para ser tratada como a Dios le plazca. Porque ella se aferra a sus promesas, y nunca duda de que Él es verdadero, justo y sabio, y hará, y dispondrá para todo en la mejor manera. ¿No es acaso esta alma con esta fe, la más obediente a Dios a todas las leyes? ¿Qué mandamiento resta que no haya sido cumplido con exactitud por tal obediencia? ¿Qué cumplimiento puede ser más completo que la obediencia universal?

Ahora bien, todo eso no se logra mediante obras sino por la sola fe. Por otra parte, ¿qué mayor rebelión, impiedad o insulto a Dios puede haber que no creer en sus promesas? ¿No es acaso más grave hacer de Dios un mentiroso, que dudar de su verdad; es decir, atribuirnos la verdad a nosotros mismos y a Dios la falsedad y el engaño? Al hacer eso, ¿no está el hombre negando a Dios y colocándose a sí mismo como un ídolo dentro de su propio corazón? ¿Qué bien pueden lograr entonces las obras hechas en tal estado de impiedad, aun cuando pudieran ser obras angélicas o apostólicas?

Con razón Dios señaló un cerco, no de ira ni tampoco de lujuria, sino de incredulidad, a fin de que los que pretenden estar cumpliendo la ley mediante obras de pureza y benevolencia (que son virtudes humanas y sociales) no puedan presumir que por eso serán salvos, sino que estando incluidos en el pecado de incredulidad puedan, o bien buscar misericordia, o ser justamente condenados.

Cuando Dios ve que la verdad se le atribuye a Él y que en la fe de nuestros corazones Él es honrado con toda la honra de la cual es digno, entonces nos honra debido a esa fe atribuyéndonos verdad y justicia. Es así como la fe obra verdad y justicia al restituirle a Dios lo que es suyo; por lo tanto, Dios da gloria a nuestra justicia. Es cierto y justo que Dios es verdadero y justo; confesar esto y atribuirle estos atributos a Él, es ser verdadero y justo.

Por esto Él dice: *Porque yo honraré a los que me honran, y los que me desprecian serán tenidos en poco* (1 Samuel 2:30). Entonces Pablo afirma que la fe de Abraham le fue contada por justicia, porque por medio de ella él dio gloria a Dios; y esto es también válido para nosotros, por la misma razón, será imputado por justicia, si creemos (Romanos 4).

La tercera gracia incomparable de la fe es el amor que une el alma con Cristo, como la esposa al esposo, por cuyo misterio, como enseña el apóstol, Cristo y el alma son hechos una sola carne. Ahora si ellos son una carne y un verdadero matrimonio —más aun, con mucho el más perfecto de todos los matrimonios— es realizado entre ellos (ya que los matrimonios no son sino endebles modelos de esta gran unión), entonces en consecuencia todo lo que tienen llega a ser de ellos en común, tanto las buenas obras como las malas. De modo que todo lo que Cristo posee, el alma creyente puede tomarlo para sí misma y jactarse de ello como suyo, y todo lo que pertenezca al alma, Cristo lo reclama como de Él.

Si comparamos estas mutuas posesiones veremos cuán inestimable es la ganancia. Cristo está lleno de gracia, vida y salvación; el alma está llena de pecado, muerte y condenación. Interviene la fe, y entonces el pecado, la muerte y el infierno pertenecerán a Cristo, y la gracia, vida y salvación al alma. Porque, si Él es un esposo, debe tomar para sí lo que es de su esposa, y al mismo tiempo, conceder a esta lo que es de Él.

En efecto, al darle a ella Su propio cuerpo y a sí mismo, ¿cómo podría Él sino darle a ella todo lo que es suyo? Y, al tomar para sí el cuerpo de su esposa, ¿cómo podría Él sino tomar para sí todo lo que es de ella? En esto es puesta de manifiesto la encantadora escena, no solo de la comunión, sino de una próspera batalla, de victoria, de salvación y redención. Porque, siendo Cristo Dios y hombre, es tal persona (ya que ni ha pecado, ni muere, ni es condenado, más aun, no puede pecar, morir o ser condenado), y su justicia, vida y salvación son invencibles, eternas y todopoderosas. Cuando tal persona, mediante el anillo nupcial de la fe, toma una participación en los pecados, muerte e infierno de su esposa —más aun, las hace suyas y se ocupa en ellas como si fueran suyas, como si Él mismo hubiera pecado—; cuando Él sufre, muere, y desciende al infierno para poder sujetar todas las creaturas (siendo que el pecado, la muerte y el infierno no lo pueden absorber), tienen ellas que ser absorbidas por Él en un conflicto asombroso. Porque su justicia se eleva por encima de los pecados de todos los hombres. Su vida es más poderosa que toda muerte. Su salvación es más inconquistable que todo infierno.

Así, el alma creyente, por el voto de su fe en Cristo, se libera de todo pecado, sin temor a la muerte, a salvo del infierno y dotada con la justicia, vida y salvación eterna de su esposo Cristo. Entonces, Él se presenta a sí mismo como una novia gloriosa, sin mancha o arruga, purificándola con la limpieza del agua por la palabra; es decir, por fe en la palabra de vida, justicia y salvación. Por lo tanto, Él la desposa a ella consigo mismo *en fidelidad, en justicia, juicio, benignidad y misericordia* (Oseas 2:19, 20).

¿Quién puede, entonces, valorar en grado sumo estas nupcias reales? ¿Quién puede comprender las riquezas de la gloria de esta gracia? Cristo, ese rico y piadoso esposo, toma como esposa a una necesitada e impía ramera, redimiéndola de todas sus perversidades y proveyéndola con todas sus buenas obras. Ahora es imposible que sus pecados la puedan destruir, porque han sido puestos sobre Cristo y absorbidos en Él, y porque ella tiene en su Esposo, Cristo, una justicia que puede reclamar como suya propia, que puede poner con confianza contra todos sus pecados, contra la muerte y el infierno, diciendo: "Si yo he pecado, mi Cristo, en quien yo creo, no ha pecado. Todo lo mío es suyo, y todo lo suyo es mío, como está escrito: *Mi amado es mío, y yo suya*" (Cantares 2:16).

Esto es lo que dice Pablo: *Mas gracias sean dadas a Dios, que nos da la victoria por medio de nuestro Señor Jesucristo*, victoria sobre el pecado y la muerte, como él dice: *El aguijón de la muerte es el pecado, y el poder del pecado, la ley* (1 Corintios 15:56, 57). Por todo esto usted comprenderá de nuevo, por qué tanta importancia le es atribuida a la fe, de modo que ella sola puede cumplir la ley y justificar sin obras. Porque usted observa que el primer mandamiento, que dice: *Adorarás a un solo Dios* es cumplido mediante la sola fe.

Si usted fuera nada más que buenas obras desde la planta de sus pies hasta la coronilla de su cabeza, no estaría adorando a Dios, ni cumpliendo el primer mandamiento, ya que es imposible adorar a Dios sin atribuirle la gloria de la verdad y de la bondad universal, como en justicia debe ser atribuida. Ahora bien, esto no se hace mediante obras, sino solo mediante la fe de corazón. No es obrando, sino creyendo, como glorificamos a Dios y le confesamos como verdadero. En este terreno la fe sola es la justicia del cristiano y el cumplimiento de todos los mandamientos. Porque para aquel que cumple el primero la tarea de cumplir todos los demás es fácil.

Las obras, dado que son realidades irracionales, no pueden glorificar a Dios, aunque puedan ser hechas para la gloria de Él si la fe está presente. Pero, en este momento, estamos examinando no la calidad de las obras realizadas, sino a aquel que las hace, que glorifica a Dios y pone de manifiesto buenas obras. Esto es fe de corazón, lo principal y la sustancia de toda nuestra justicia. Por tanto, es una doctrina ciega y peligrosa la que enseña que los mandamientos deben ser cumplidos mediante las obras. Los mandamientos deben haber sido cumplidos con anterioridad a cualquier buena obra, y las buenas obras vienen después de su cumplimiento, como veremos.

Para que podamos tener una visión más amplia de aquella gracia que nuestro hombre interior tiene en Cristo, debemos saber que en el Antiguo Testamento Dios santificaba para sí mismo a todo primogénito varón. La primogenitura era de gran valor, dando una superioridad sobre los demás mediante el doble honor de sacerdocio y reino, porque el hermano primogénito era sacerdote y señor de todos los demás.

Bajo esta imagen fue prefigurado Cristo, el verdadero y único primogénito de Dios el Padre y de la virgen María, y un verdadero Rey y Sacerdote, no en un sentido terrenal y carnal. Porque su reino no es de este mundo; es en las cosas celestiales y espirituales como Él reina y actúa siendo Sacerdote; y estas son justicia, verdad, sabiduría, paz, salvación. Nada menos que todas las realidades, aun aquellas de la tierra y el infierno, están sujetas a Él. Porque de otra manera, ¿cómo podría defendernos y salvarnos de ellas? Pero no es en estas ni por estas realidades como su reino se mantiene.

Así tampoco su sacerdocio consiste en la exhibición exterior de vestiduras y ademanes, como el sacerdocio humano de Aarón y nuestro sacerdocio eclesiástico presente, sino en cosas espirituales, donde por su ministerio invisible intercede por nosotros para con Dios en el cielo, y se ofrece a sí mismo, y cumple todos los quehaceres de sacerdote como Pablo lo describe a los Hebreos bajo la figura de Melquisedec.

Él no solo ora e intercede por nosotros; también nos enseña interiormente en el espíritu con las enseñanzas vivificantes de su Espíritu. Estos son los dos ministerios especiales del sacerdote tal como está representado para nosotros en el caso de sacerdotes de carne y hueso mediante oraciones y sermones visibles.

Así como Cristo mediante su primogenitura ha obtenido estos dos escalones, el de Rey y el de Sacerdote, de esta manera las imparte y comunica a todo aquel que cree en Él, bajo la ley de matrimonio de la que hablamos líneas arriba, mediante la cual todo lo que es del esposo es también de la esposa. Por lo tanto, todos los que creemos en Cristo somos reyes y sacerdotes en Él, como está dicho: *Mas vosotros sois linaje escogido, real sacerdocio, nación santa, pueblo adquirido por Dios, para que anunciéis las virtudes de aquel que os llamó de las tinieblas a su luz admirable* (1 Pedro 2:9).

Estas dos realidades se mantienen de la siguiente manera: Primero, con relación al reino, todo cristiano es por fe tan exaltado sobre todas las creaturas que, en poder espiritual, es en forma completa el señor de todo el universo, de tal modo que nada, sea lo que sea, puede hacerle algún daño. Es cierto que todo el universo está sujeto al hombre y se encuentra como obligado a ser útil para su salvación. Por eso Pablo dice: *Sabemos que a los que aman a Dios, todas las cosas les ayudan a bien, esto es, a los que conforme a su propósito son llamados* (Romanos 8:28), y en otra parte: *Sea la vida, sea la muerte, sea lo presente, sea lo porvenir, todo es vuestro, y vosotros de Cristo* (1 Corintios 3:22, 23).

No es que, en el sentido de poder corporal, alguien entre los cristianos haya sido designado para poseer y gobernar sobre todas las creaturas, de acuerdo con la idea insana y sin sentido de ciertos clérigos. Ese es el oficio de reyes, príncipes y hombres sobre la tierra. En la experiencia de la vida, vemos que estamos sujetos a todas las criaturas, y sufrimos muchas pruebas, aun la muerte. Ciertamente, cuanto más cristiano sea cualquier hombre, a tantos mayores males, sufrimientos y muertes está sujeto, como vemos en primer lugar en Cristo, el primogénito, y en todos sus santos hermanos.

Este es un poder espiritual que reina en medio de los enemigos y es poderoso en medio de angustias. Y esto no es nada más que aquella fortaleza que se hace perfecta en mi debilidad, y que puede cambiar todas las realidades a favor de mi salvación; de modo que aun la cruz y la muerte son forzadas a servirme y a obrar, a un tiempo, para mi salvación. Esta es una excelsa y relevante dignidad, un dominio verdadero y todopoderoso, un imperio espiritual, en el cual no hay nada tan bueno, nada tan malo, que no pueda obrar al mismo tiempo a mi favor, si tan solo creo.

Con todo, no hay nada de lo cual tenga necesidad —porque la sola fe es suficiente para mi salvación— a menos que en ello la fe ejerza el poder e imperio de su libertad. Este es el inestimable poder y libertad de los cristianos. No solo somos reyes y los más libres de todos los hombres, sino también sacerdotes para siempre, una dignidad mucho más alta que el reino, porque mediante ese sacerdocio somos dignos de presentarnos ante Dios, de orar por otros y de enseñarnos unos a otros las realidades que son de Dios.

Por cuanto esos son los quehaceres de los sacerdotes, de ninguna manera pueden ser permitidos a cualquier incrédulo. Cristo ha obtenido para nosotros este beneficio, si creemos en Él: que así como somos sus hermanos y coherederos y cogobernantes con Él, también deberíamos ser cosacerdotes con Él y atrevernos con confianza, a través del espíritu de fe, a venir a la presencia de Dios, y clamar: "¡Abba, Padre!", orar uno por otro y hacer todas las obras que vemos hechas y figuradas en el ministerio visible y corpóreo del sacerdocio.

Para una persona incrédula nada se traduce en servicio o en obras para bien. El mismo está al servicio de todas las creaturas, y todas ellas se vuelven malignas para él, porque las usa en una manera impía para su propio beneficio y no para la gloria de Dios. Por tanto, él no es sacerdote sino una persona profana, cuyas oraciones se vuelven pecado, y tampoco aparece jamás en la presencia de Dios, porque Él no escucha a los pecadores.

¿Quién puede, entonces, comprender la majestad de esa dignidad cristiana que, por su poder real, reina sobre todas las creaturas, aun sobre la muerte, la vida, el pecado y por su gloria sacerdotal es todopoderosa con Dios ya que Él hace lo que busca y desea, como está escrito: *Cumplirá el deseo de los que le temen; Oirá asimismo el clamor de ellos y los salvará*? (Salmo 145:19). Esta gloria, en verdad, no puede ser alcanzada por ninguna obra, sino solo por fe.

De estas consideraciones cualquiera puede ver con claridad, cómo un hombre cristiano es libre de todas las creaturas; así que no necesita obras a fin de ser justificado y salvo, sino que recibe estos dones en abundancia por la sola fe. Más aun, él no sería tan tonto como para pretender ser justificado, liberado, salvado y convertido en cristiano mediante alguna buena obra ya que de inmediato perdería la fe con todos sus beneficios. Tal insensatez está representada, en forma cómica, por la fábula en la cual un perro fue engañado cuando iba nadando en un río, mientras llevaba en su hocico un pedazo de carne. Al ver en el agua el reflejo de la carne quiso apoderarse de aquella imagen apetitosa y abriendo su boca perdió, al mismo tiempo, el pedazo de carne verdadera y por supuesto también su reflejo en el agua.

Usted se preguntará: "¿Si todos los que están en la iglesia son sacerdotes, mediante qué referencia van a ser distinguidos de los laicos los que al presente llamamos sacerdotes?" Yo respondo: Se ha hecho una injusticia mediante el uso de estas palabras: "sacerdote", "clero", "persona espiritual", "clérigo", ya que han sido transferidas del restante cuerpo de cristianos a unos cuantos que ahora son, por una dañina costumbre, llamados clérigos.

La Sagrada Escritura no hace distinción entre ellos, con excepción de los que al presente son, en forma jactanciosa, llamados papas, obispos y señores, a quienes se les llama ministros, siervos y mayordomos, porque están para servir a los demás en el ministerio de la palabra, para enseñar la fe de Cristo y la libertad a los creyentes. Y aunque es cierto que todos somos por igual sacerdotes, con todo no podemos tampoco, aun si pudiéramos, ministrar y enseñar en público. En estos términos Pablo dice: *Así, pues, téngannos los hombres por servidores de Cristo, y administradores de los misterios de Dios* (1 Corintios 4:1).

Este mal sistema, hasta ahora, ha resultado en tan pomposa exhibición de poder y tan terrible tiranía que ningún gobierno terrenal se le puede comparar, como si los laicos fueran otra persona además de cristianos. Mediante esta perversión de situaciones ha ocurrido que el conocimiento de la gracia cristiana, de la fe, de la libertad y, en conjunto, de Cristo, ha perecido en forma total y ha sido reemplazado por una intolerable esclavitud a las obras y leyes humanas; y, de acuerdo con las Lamentaciones de Jeremías, nos hemos convertido en esclavos de los hombres más viles sobre la tierra, quienes abusan de nuestra miseria para los vergonzosos e infames propósitos de su propia voluntad.

Volviendo al tema que comenzamos, creo que ha quedado claro mediante estas consideraciones, que no es suficiente, como vía cristiana, predicar las obras, vida y palabras de Cristo, de una manera histórica como hechos cuyo conocimiento es suficiente ejemplo para encuadrar nuestra vida, como lo hacen en la actualidad los que son tenidos como los mejores predicadores, y mucho menos guardar silencio sobre estas realidades para enseñar en su lugar las leyes de los hombres y los decretos de los padres.

Hoy existen muchas personas que predican y leen acerca de Cristo con único objetivo de sacudir las emociones para compadecerse de Él, para indignarse contra los judíos y otros disparates infantiles y mujeriles de esa naturaleza. Ahora bien, la predicación debe tener el objetivo de fomentar la fe en Él, de modo que sea no solo Cristo, sino un Cristo para tí y para mí, y que lo que se dice de Él y cómo se le llama, pueda obrar en nosotros. Y esta fe es producida y es mantenida predicando por qué Cristo vino, qué nos ha traído y dado y para qué beneficio y ventaja Él ha de ser recibido. Esto se logra cuando la libertad cristiana, la cual tenemos de Cristo mismo, es enseñada en forma correcta y se nos muestra de qué manera, todos nosotros los cristianos, somos reyes y sacerdotes, y cómo somos señores de todas las creaturas pudiendo estar confiados que lo que hagamos en la presencia de Dios le es agradable y aceptable.

¿Qué corazón no se regocijaría en su más íntima esencia al oír estas afirmaciones? ¿El corazón de quién, al recibir tan gran consuelo, no se volvería dulce con el amor de Cristo, el cual nunca podría alcanzar por medio de leyes u obras? ¿Quién puede dañar tal corazón o hacerlo temeroso? Si la conciencia de pecado o el horror de la muerte lo sorprende, está preparado para esperar en el Señor, y está sin temor de tales males e imperturbable, hasta que haya de despreciar a sus enemigos. Por cuanto cree que la justicia de Cristo es de su propiedad, y que su pecado ya no es más suyo, sino de Cristo; pero a causa de su fe en Cristo, todo su pecado debe, en forma necesaria, ser tomado por la acción divina de la justicia de Cristo, como expresé antes.

También aprende el cristiano con el apóstol, a burlarse de la muerte y del pecado, y a decir: *¿Dónde está, oh muerte, tu aguijón? ¿Dónde, oh sepulcro, tu victoria? ya que el aguijón de la muerte es el pecado, y el poder del pecado, la ley. Mas gracias sean dadas a Dios, que nos da la victoria por medio de nuestro Señor Jesucristo* (1 Corintios 15: 55-57). Porque la muerte es convertida en victoria, no solo la victoria de Cristo, sino también la nuestra, ya que por fe llega a ser nuestra, y en ella nosotros también vencemos.

Apéndice 4

La historia del Papa Alejandro VI

(11 de agosto de 1492 al 18 de agosto de 1503)
por J. N. D. Kelly[1]

Con esta historia conoceremos algo acerca del contexto del Vaticano en los días en que Colón descubrió América y de la aparición en el mundo religioso del reformador Martín Lutero. Vemos con tristeza a qué estado llegó el papado y la desesperante necesidad de cambios morales y espirituales en las esferas más altas de la Iglesia Católica.

Rodrigo de Borja y Borja (Borgia en italiano) nació el primero de enero de 1431 en Játiva cerca de Valencia. Su tío materno (quien en esa época era el obispo de Valencia y después de 1455 fue Calixto III) disfrutó en su juventud de muchos bienes. Lo envió a estudiar a Bolonia y en febrero de 1456, a la edad de 24, lo nombró diácono cardenal. Como tenía tanto contacto con monasterios y obispados, Rodrigo se convirtió en vicecónsul de la Santa Sede en 1457, una lucrativa oficina que mantuvo bajo los cuatro papas siguientes, acumulando una vasta fortuna; tan grande que fue reconocido como el segundo cardenal más rico.

Vivió una vida licenciosa a la vista de todos, teniendo muchos hijos. Sus preferidos eran Juan, Cesar, Lucrecia y Gofredo, nacidos de la aristocrática romana Vannozza Catanei. En 1460 su comportamiento escandaloso le llevó a ser censurado duramente por Pío II, a lo cual le

1. J. N. D. Kelly, *El Diccionario Oxford de los Papas,* Oxford University Press, trad. Patricia Lara, 1986, pp. 252-254.

hizo poco caso. Siguió viviendo con un comportamiento grosero, muy reprochable.

Lleno de ambición, energía y talentos buscó ser elegido como sucesor del Papa Sixto IV, pero fracasó en su intento. Lo mismo hizo en el conclave que siguió a la muerte de Inocencio VIII (agosto 6-11). El problema era su nacionalidad. Por ser español al principio no fue reconocido como posible candidato. Sin embargo, con sobornos y promesas, ganó partidarios y consiguió la victoria, nombrándose como papa Alejandro VI.

Como administrador experimentado, el Papa Alejandro VI tuvo un buen comienzo. Restauró el orden en Roma, administró justicia en forma vigorosa, prometió reformar la curia y organizó la defensa contra la amenaza de Turquía. Pero hasta ahí llegaron sus esfuerzos ejemplares. Por encima de todo estaba su ardiente pasión por el dinero y las mujeres.

En forma gradual comenzó a mejorar las fortunas de sus familiares, sobre todo la de los hijos de Vannozza. Nombró a uno de estos que contaba con 18 años, César, obispo de varias sedes, incluso la de Valencia, la más rica de todas. Un año después, junto con Alejandro Farnesio (hermano de Julia, su amante en ese momento) lo nombró cardenal. A un hermano de César, Juan, Duque de Gandía, lo casó con una princesa española y en 1497 Alejandro lo nombró Duque de Benevento y capitán general de los ejércitos papales. A su hija Lucrecia, le arregló un magnífico matrimonio y en ocasiones, cuando tenía que salir de Roma, la dejaba encargada inclusive de negocios oficiales delicados

En junio de 1497 sufrió una tragedia por el asesinato de Juan, su hijo preferido, cayendo las sospechas sobre César. Después de sufrir por aquella pérdida, se prometió a sí mismo dedicarse devotamente a la reforma de la iglesia. Preparó muchos borradores con propuestas admirables, pero quedaron en eso mismo, borradores. Carecía de fuerza de voluntad para dejar a un lado su sensualidad. Pronto regresó a sus placeres y maquinaciones a favor de sus familiares, aumentando sus artimañas diabólicas con César.

Los intereses familiares dominaron la política italiana de

AlejandroVI. Por ejemplo, al principio se oponía a los intereses del Rey Fernando de Nápoles (1458-94), pero después del matrimonio en 1493 de su hijo Gofredo con la nieta del rey (quien recibió el principado de Squillace como dote matrimonial), el Papa cambió de opinión y lo apoyó contra las acusaciones de Carlos VIII de Francia (1483-98). Cuando murió Fernando (25 enero de 1494), nombró y coronó a su hijo Alfonso II como rey (1494-5). Por eso Carlos, animado por el mayor enemigo de Alejandro VI, el cardenal Della Rovere (que luego sería el Papa Julio II), invadió a Italia, amenazando con reunir un concilio con el fin de destituir al Papa. En su desesperación, Alejandro VI buscó la ayuda del Sultán de Turquía, Bayezid II (1481-1512).

No pudiendo defender a Roma, tuvo que llegar a un acuerdo con Carlos VIII que, en consecuencia, conquistó fácilmente a Nápoles. Por su parte, Alejandro rehusó coronarlo rey.

El 31 de marzo de 1493, Alejandro VI formó una "liga santa" con otros poderosos personajes a quienes Carlos había amenazado; lo forzaron a salir de Italia en junio de 1497. De inmediato envió a su hijo César como delegado papal a Nápoles para coronar a Federico de Aragón (1496-1501).

En 1498, bajo la sugerencia de César (que pidió ser liberado de su condición de cardenal), Alejandro VI se fue a vivir cerca de Francia. Allí anuló el matrimonio del nuevo rey, Luis XII. Envió a César como delegado a Francia, donde el agradecido Luis lo hizo Duque de Valentinois y le dio una princesa como esposa.

En 1501, Alejandro VI dio un giro político enorme y ratificó el reparto de Nápoles entre Francia y España. Mientras tanto César, con Francia como aliada, procedió a someter a Romagna, logrando que Alejandro lo nombrara duque de esta provincia, la que anexionaron al estado papal. El ambicioso Cesar, que ahora controlaba a Alejandro VI, se propuso apropiarse de todo el estado papal y de la región central de Italia para hacerla propiedad de la familia Borja.

Este proyecto lo llevaron a cabo destruyendo a las poderosas familias romanas. Grandes sumas de dinero fueron requeridas para su realización, las cuales obtuvieron mediante asesinatos, apropiación indebida de bienes y por un cínico nombramiento de cardenales, que tenían que pagar altas sumas de dinero por recibir esos títulos.

En 1493, por encargo de los soberanos de Castilla, Alejandro VI —para favorecer a España—, creó una línea de demarcación a cien leguas al oeste de las Azores, estableciendo así las zonas de exploración del nuevo mundo entre España y Portugal. Como esta favorecía a España, fue modificada por el Tratado de Tordesillas el 7 de junio de 1494. Alejandro VI, también dio a los monarcas control sobre la iglesia en las tierras que colonizaran.

En 1495 empezó su larga lucha con el predicador y reformador Girolamo Savonarola (1452-98), que denunciaba la corrupción papal e hizo un llamamiento para que Florencia se uniese a una coalición antifrancesa, que depusiera al Papa y reformara a la iglesia. Alejandro comenzó tratando a Savonarola con paciencia, pero terminó en mayo de 1498 con la excomunión, interrogatorio bajo tortura y ejecución del monje florentino.

A pesar de sus muchas desviaciones, Alejandro VI era devoto y ajustado a la ortodoxia. Celebró el año santo en 1500 con gran pompa, usando vastas sumas de dinero adquiridas de las ventas de indulgencias y de la compra de favores para financiar las expediciones de su hijo César. En general, su preocupación por las necesidades de la iglesia, por ejemplo, la reforma de los monasterios, las ordenes religiosas y las misiones en el Nuevo Mundo, tomaron un marcado segundo lugar ante metas más mundanas que él perseguía.

Al mismo tiempo, sintió un amor genuino por el arte, aunque con un patronazgo menos prodigioso que el de Sixto IV y el de Julio II. Restauró el Castillo de San Ángel, embelleció al Vaticano con las seis alas de los apartamentos de Borgia (decorados por Pinturicchio), y persuadió a Miguel Ángel a trazar los planos para reconstruir la Catedral de San Pedro.

Mezclado como estaba en problemas políticos y familiares hasta el final, él y César cayeron en forma inesperada enfermos en agosto de 1503. Aunque con gran dificultad el más joven sobrevivió, Alejandro VI murió. Su muerte siempre se le atribuyó a la malaria, pero hay fundados argumentos para creer que padre e hijo quisieron envenenar a un cardenal al que habían invitado a una cena y, por alguna equivocación, ellos mismos cayeron víctimas de su trampa mortal.

O. Raynaldus, *Annales eclesiastici* (1492-1503) (ed. J.D. Mansi Lucca, 1747-56), *208-416;*J.Burckard, *Liber notarum* (Muratori 2 32.1); P. De Roo, *Materials for a History of Pope Alexander VI, his Relations and his Times* (Vruges, 1924); G. Parker, *At the Court of the Borgia* (Folio Society, London, 1963); G. Pepe, *La política dei Borgia* (Nápoles, 1945); G. Soranzo, *Studi intorno a Papa Alessandro VI* (Milán, 1950); O. Ferrara, *The Borgia Pope* (ET. London, 1942); J. Schinitzer, *Der Tod Alexanders VI* (Munster, 1929); 'Um den Tod Alexanders VI', *HF 50* (1930), 256-60, P 5 y 6; MC 4 y 5; DBI_2, 196-205 (G.B. Picotti); EC_1, 795-801 (G.M. Pou y Marti); NCE_1, 290-2 (M. Batllori); EB (1eth edn.) 1, 467s. (F.X. Murphy); $Seppelt_4$, 396-94.

Apéndice 5

Las 95 tesis de Martín Lutero

Wittenberg, 31 de octubre de 1517. Discusión acerca de la determinación del valor de las indulgencias.

Por amor a la verdad y en el afán de sacarlas a la luz, se discutirán en Wittenberg las siguientes proposiciones bajo la presidencia del Reverendo Padre Martín Lutero, maestro en Artes y en Sagrada Escritura y profesor ordinario de esta última disciplina en esa localidad. Por tal razón, se ruega a quienes no puedan estar presentes para debatir en forma oral con nosotros, lo hagan, aunque ausentes, por escrito. En el nombre de nuestro Señor Jesucristo. Amén.

1. Cuando nuestro Señor y Maestro Jesucristo dijo: "Haced penitencia...", ha querido que toda la vida de los creyentes fuera penitencia.
2. Este término no puede entenderse en el sentido de la penitencia sacramental (es decir, de aquella relacionada con la confesión y satisfacción) que se celebra por el ministerio de los sacerdotes.
3. Sin embargo, el vocablo no apunta solamente a una penitencia interior; antes bien, una penitencia interna es nula si no obra exteriormente diversas mortificaciones de la carne.
4. En consecuencia, subsiste la pena mientras perdura el odio al propio yo (es decir, la verdadera penitencia interior), lo que significa que ella continúa hasta la entrada en el reino de los cielos.
5. El Papa no quiere ni puede perdonar culpa alguna, salvo aquella que él ha impuesto, sea por su arbitrio, sea por conformidad a los cánones.
6. El Papa no puede perdonar culpa alguna, sino declarando y testimoniando que ha sido perdonada por Dios, o perdonándola con certeza en los casos que se ha reservado. Si estos fuesen menospreciados, la culpa subsistirá íntegramente.

7. De ningún modo Dios perdona la culpa a nadie, sin que al mismo tiempo lo confiese y lo someta en todo al sacerdote, su vicario.
8. Los cánones penitenciales han sido impuestos únicamente a los vivientes y nada debe ser impuesto a los moribundos con fundamento en los cánones.
9. Por ello, el Espíritu Santo nos beneficia en la persona del Papa, quien en sus decretos siempre hace una excepción en caso de muerte y de necesidad.
10. Mal y torpemente proceden los sacerdotes que reservan a los moribundos penas canónicas en el purgatorio.
11. Esta cizaña, como la de transformar la pena canónica en pena para el purgatorio, parece por cierto haber sido sembrada mientras los obispos dormían.
12. Antiguamente las penas canónicas no se imponían después sino antes de la absolución, como prueba de la verdadera contrición.
13. Los moribundos son absueltos de todas sus culpas a causa de la muerte y ya son muertos para las leyes canónicas, quedando de derecho exentos de ellas.
14. Una pureza o caridad imperfectas traen consigo para el moribundo, en forma necesaria, gran miedo; el cual es tanto mayor cuanto menor sean aquéllas.
15. Este temor y horror son suficientes por sí solos (por no hablar de otras causas) para constituir la pena del purgatorio, puesto que están muy cerca del horror de la desesperación.
16. Al parecer, el infierno, el purgatorio y el cielo difieren entre sí como la desesperación, la cuasi desesperación y la seguridad de la salvación.
17. Parece necesario para las almas del purgatorio que a medida que disminuya el horror, aumente la caridad.
18. Y no parece probado, sea por la razón o por las Escrituras, que estas almas estén excluidas del estado de mérito o del crecimiento en la caridad.
19. Y tampoco parece probado que las almas en el purgatorio, al menos en su totalidad, tengan plena certeza de su bienaventuranza ni aun en el caso de que nosotros podamos estar completamente seguros de ello.
20. Por lo tanto, cuando el Papa habla de indulgencia plenaria de todas las penas, no significa simplemente el perdón de todas ellas, sino solamente el de aquellas que él mismo impuso.

21. En consecuencia, se equivocan aquellos predicadores de indulgencias que afirman que el hombre es absuelto a la vez que salvo de toda pena, a causa de las indulgencias del Papa.
22. De modo que el Papa no perdona pena alguna a las almas del purgatorio que, según los cánones, ellas debían haber pagado en esta vida.
23. Si a alguien se le puede conceder en todo sentido un perdón de todas las penas, es seguro que ello solamente puede otorgarse a los más perfectos, es decir, a muy pocos.
24. Por esta razón, la mayor parte de las personas es engañada, de todas maneras, por esa indiscriminada y jactanciosa promesa de la liberación de las penas.
25. El poder que el Papa tiene, en forma universal sobre el purgatorio, cualquier obispo o cura lo posee en lo particular sobre su diócesis o parroquia.
26. Muy bien procede el Papa al dar el perdón a las almas del purgatorio, no en virtud del poder de las llaves (que no posee), sino por vía de la intercesión.
27. Simple doctrina humana predican aquellos que afirman que tan pronto suena la moneda que se echa en la caja, el alma sale volando.
28. La verdad es que, cuando la moneda cae en la alcancía tintineando, el lucro y la avaricia pueden ir en aumento, mientras que la intercesión de la iglesia depende solo de la voluntad de Dios.
29. ¿Quién sabe, acaso que todas las almas del purgatorio deseen ser perdonadas? Hay que recordar lo que, según la leyenda, aconteció con san Severino y san Pascual.
30. Nadie está seguro de la sinceridad de su propia contrición y mucho menos de que haya obtenido la indulgencia plenaria.
31. Cuán escaso es el hombre verdaderamente penitente, tan escaso como el que en verdad adquiere indulgencias; es decir, que el tal es escasísimo.
32. Serán eternamente condenados junto con sus maestros, aquellos que crean estar seguros de su salvación mediante una carta de indulgencias.
33. Hemos de cuidarnos mucho de aquellos que afirman que las indulgencias del Papa son el inestimable don divino por el cual el hombre es reconciliado con Dios.
34. Porque aquellas gracias de perdón llamadas indulgencias solo se refieren a las penas de la satisfacción sacramental, las cuales han sido establecidas por los hombres.

35. Predican una doctrina anticristiana aquellos que enseñan que no es necesaria la contrición para los que rescatan almas o escuchan la confesión.
36. Cualquier cristiano que en forma verdadera esté arrepentido, tiene derecho al perdón total de pena y culpa, aun sin carta de indulgencia.
37. Cualquier cristiano verdadero, sea que esté vivo o muerto, tiene participación en todos los bienes de Cristo y de la iglesia; esta participación le ha sido concedida por Dios, aun sin carta de indulgencias.
38. No obstante, el perdón y la participación otorgadas por el Papa no han de menospreciarse en manera alguna, porque, como ya he dicho, constituyen un anuncio del perdón divino.
39. Es dificilísimo hasta para los teólogos más brillantes, ensalzar al mismo tiempo, la generosidad de las indulgencias y la verdad de la contrición.
40. La verdadera contrición busca y ama las penas, pero la profusión de las indulgencias relaja y hace que las penas sean odiadas; por lo menos, da ocasión para ello.
41. Las indulgencias del papa deben predicarse con cautela para que el pueblo no crea equivocadamente que deban ser preferidas a las demás buenas obras de caridad.
42. Debe enseñarse a los cristianos que no es la intención del Papa, en manera alguna, que la compra de indulgencias se compare con las obras de misericordia.
43. Hay que instruir a los cristianos que aquel que socorre al pobre o ayuda al indigente, realiza una obra mayor que si comprara indulgencias.
44. Porque la caridad crece por la obra de caridad y el hombre llega a ser mejor; en cambio, no lo es por las indulgencias sino, a lo sumo, liberado de la pena.
45. Debe enseñarse a los cristianos que el que ve a un indigente y, sin prestarle atención, da su dinero para comprar indulgencias, lo que obtiene en verdad no son las indulgencias papales, sino la indignación de Dios.
46. Debe enseñarse a los cristianos que, si no poseen bienes superfluos, están obligados a retener lo necesario para su casa y de ningún modo derrocharlo en indulgencias.
47. Debe enseñarse a los cristianos que la compra de indulgencias queda sometida a la propia voluntad y no constituye obligación.

48. Se debe enseñar a los cristianos que, al otorgar indulgencias, el Papa tanto más necesita cuanto desea una oración ferviente por su persona, antes que dinero en efectivo.
49. Hay que enseñar a los cristianos que las indulgencias papales son útiles si en ellas no ponen su confianza, pero muy nocivas si, a causa de ellas, pierden el temor de Dios.
50. Debe enseñarse a los cristianos que si el Papa conociera los despojos que hacen los predicadores de indulgencias, preferiría que la basílica de San Pedro se redujera a cenizas antes que construirla con la piel, la carne y los huesos de sus ovejas.
51. Debe enseñarse a los cristianos que el Papa estaría dispuesto, como es su deber, a dar de su peculio a muchísimos de aquellos a los cuales los pregoneros de indulgencias despojaron de su dinero aun cuando para ello tuviera que vender la basílica de San Pedro, si fuera menester.
52. Vana es la confianza en la salvación por medio de una carta de indulgencias, aunque el pregonero de indulgencias y hasta el mismo Papa pusieran su misma alma como prenda.
53. Son enemigos de Cristo y del Papa los que, para predicar indulgencias, ordenan suspender por completo la predicación de la palabra de Dios en otras iglesias.
54. Oféndese a la palabra de Dios, cuando en un mismo sermón se dedica tanto o más tiempo a las indulgencias que a la predicación de ella.
55. Ha de ser la intención del Papa que si las indulgencias (que muy poco significan) se celebran con una campana, una procesión y una ceremonia, el evangelio (que es lo más importante) deba predicarse con cien campanas, cien procesiones y cien ceremonias.
56. Los tesoros de la iglesia, de donde el Papa distribuye las indulgencias, no son ni mencionados en forma suficiente ni conocidos con claridad entre el pueblo de Dios.
57. Que los tesoros de la iglesia no son temporales, resulta evidente por el hecho de que muchos de los pregoneros no los derrochan, sino que más bien los atesoran.
58. Tampoco son temporales los méritos de Cristo y de los santos, porque estos siempre obran, sin la intervención del Papa, la gracia del hombre interior y la cruz, la muerte y el infierno del hombre exterior.
59. San Lorenzo dijo que los tesoros de la iglesia eran los pobres, pero él hablaba utilizando el concepto en el sentido de su época.

60. No hablamos con exageración si afirmamos que las llaves de la iglesia (donadas por el mérito de Cristo) constituyen ese tesoro.
61. Está claro, pues, que para el perdón de las penas y de los casos reservados, basta con la sola potestad del Papa.
62. El verdadero tesoro de la iglesia es el sacrosanto evangelio de la gloria y de la gracia de Dios.
63. Sin embargo este tesoro es, con razón, muy odiado, puesto que hace que los primeros sean los últimos.
64. En cambio, el tesoro de las indulgencias, con razón, es sumamente grato, porque hace que los últimos sean los primeros.
65. Por este motivo, los tesoros del evangelio son redes con las cuales en otros tiempos se pescaban a hombres poseedores de bienes.
66. Los tesoros de las indulgencias son redes con las cuales ahora se pescan las riquezas de los hombres.
67. Respecto a las indulgencias que los predicadores pregonan con gracias máximas, se entiende que efectivamente lo son en cuanto proporcionan ganancias.
68. Sin embargo, las indulgencias son las gracias más pequeñas en comparación con la gracia de Dios y la piedad de la cruz.
69. Los obispos y curas están obligados a admitir con toda reverencia a los pregoneros de las indulgencias papales.
70. Ellos tienen, más bien, el deber de vigilar con todos sus ojos y escuchar con todos sus oídos, para que esos hombres no prediquen sus propios ensueños en lugar de lo que el Papa les ha encomendado.
71. Aquel que habla contra la verdad de las indulgencias papales, sea anatema y maldito.
72. Mas aquel que se preocupa por los excesos y maltratos verbales de los predicadores de indulgencias, sea bendito.
73. Sea bendito el Papa cuando con justicia fulmina la excomunión contra los que maquinan algo, con cualquier artimaña de venta en perjuicio de las indulgencias.
74. Y también cuando trata de condenar a los que bajo el pretexto de las indulgencias, intrigan en perjuicio de la caridad y la verdad.
75. Es un disparate pensar que las indulgencias del Papa sean tan eficaces como para que puedan absolver, para hablar de algo imposible, a un hombre que haya violado a la madre de Dios.
76. Afirmamos por el contrario, que las indulgencias papales no pueden

borrar el más leve de los pecados veniales, en lo que concierne a la culpa.

77. Afirmar que si san Pedro fuese Papa hoy, no podría conceder mayores gracias, constituye una blasfemia contra san Pedro y el Papa.
78. Sostenemos, por el contrario, que el actual Papa, como cualquier otro, dispone de mayores gracias, a saber: el evangelio, las virtudes espirituales, los dones de sanidad, etc., como se dice en 1 Corintios 12.
79. Es blasfemia afirmar que la cruz con las armas papales levantada en forma llamativa, equivale a la cruz de Cristo.
80. Tendrán que rendir cuenta los obispos, curas y teólogos, al permitir que esas charlas se propongan al pueblo.
81. Esta arbitraria predicación de indulgencias hace que ni siquiera, aun para personas cultas, resulte fácil salvar el respeto que se debe al Papa, frente a las calumnias o preguntas sin duda sutiles de los laicos.
82. Por ejemplo: ¿Por qué el Papa no procede a vaciar el purgatorio a causa de la santísima caridad y la muy apremiante necesidad de las almas, lo cual sería la más justa de todas las razones si él redime un número infinito de almas a causa del muy miserable dinero para la construcción de la basílica, lo cual es un motivo del todo insignificante?
83. Del mismo modo: ¿Por qué subsisten las misas y aniversarios por los difuntos y por qué el Papa no devuelve o permite retirar las fundaciones instituidas en beneficio de ellos, puesto que ya no es justo orar por los redimidos?
84. Del mismo modo: ¿Qué es esta nueva compasión de Dios y del Papa, según la cual conceden al impío y enemigo de Dios, por medio del dinero, redimir un alma pía y amiga de Dios, y por qué no la redimen más bien, a causa de la necesidad, por gratuita caridad hacia esa misma alma pía y amada?
85. Del mismo modo: ¿Por qué los cánones penitenciales que de hecho y por el desuso desde hace tiempo están abrogados y muertos como tales, se satisfacen no obstante hasta hoy por la concesión de indulgencias, como si estuviesen en plena vigencia?
86. Del mismo modo: ¿Por qué el Papa, cuya fortuna es hoy más abundante que la de los más opulentos ricos, no construye tan solo una basílica de san Pedro de su propio dinero, en lugar de hacerlo con el de los pobres creyentes?
87. Del mismo modo: ¿Qué es lo que perdona el Papa y qué participación

concede a los que por una perfecta contrición tienen ya derecho a un perdón total?

88. Del mismo modo: ¿Qué bien mayor podría hacerse a la iglesia si el Papa, como lo hace ahora una vez, concediese estos perdones y bendiciones cien veces por día a cualquiera de los creyentes?
89. Dado que el Papa, por medio de sus indulgencias, busca más la salvación de las almas que el dinero, ¿por qué suspende las cartas de indulgencias ya anteriormente concedidas, si son igualmente eficaces?
90. Reprimir estos sagaces argumentos de los laicos solo por la fuerza, sin desvirtuarlos con razones, significa exponer a la iglesia y al Papa a la burla de sus enemigos y contribuir a la desdicha de los cristianos.
91. Por lo tanto, si las indulgencias se predicaran según el espíritu y la intención del Papa, todas esas objeciones se resolverían con facilidad o más bien no existirían.
92. Que se vayan, pues todos aquellos profetas que dicen al pueblo de Cristo: "Paz, paz"; y no hay paz.
93. Que prosperen todos aquellos profetas que dicen al pueblo: "Cruz, cruz" y no hay cruz.
94. Es menester exhortar a los cristianos para que se esfuercen por seguir a Cristo, su cabeza, a través de penas, muertes e infierno.
95. Y a confiar en que entrarán al cielo a través de muchas tribulaciones, antes que por la ilusoria seguridad de paz.